U0071677

化煞

今天學化煞，明天就開運

彩色圖解

張清淵——著

自序

宋朝大儒朱熹曾提出：「統體一太極，物物一太極。」所以物物各有太極，因此每個吉祥物都有它獨立且各自不同的功能及效力，只要功能用對了，能對症下藥，就能夠將吉祥物的無形能量發揮出來，並藉而將無形的靈動力轉化來幫助人們趨吉避凶。

筆者融合了三十多年的五術經驗，對於吉祥物文化深有體悟，所謂有效的吉祥物，是必須經過勅符、開光、加持的程序，並不是隨意在坊間購買回來的物品都具有功效及靈動力，往往讀者買來的物品只能算是一種裝飾品，徒具其形而無其靈，為了避免讀者一再的受騙，再加上紅螞蟻圖書公司及創辦人李錫東先生的鼎力支持，遂將三十年來對開運化煞文化的心得結晶付梓成冊。

然而，有功效的吉祥物必須依據您的出生年、月、日、時，以正統道脈相傳之開光、點眼、加持，這樣鎮宅吉祥化煞物才能藉天地之靈氣、日月之精華，將吉祥物潛藏之最佳靈動力引化出來，以達神速而壓煞驅邪，進而達到鎮宅的功能，並使財源廣進好運臨門。要將吉祥化煞品請回家安放時，還需要配合房屋坐向及大門的納氣並需符合卦氣和卦運，然後以天星奇門遁甲之術，配合您紫微斗數與八字命盤，來選擇良辰吉日與安奉方位，如此程序方告大成。

這如同地球自轉和公轉的道理一樣，自轉代表一個人以自我為中心的主觀的自我意識，公轉是整個大宇宙、國家、社會的趨向及能量，以陽宅而言就是宅居的周圍環境，如建築物、陸橋、道路、河流或樹木、植被等標的物，與本家宅所產生好壞刑剋的影響，這些條件都要面面俱到，要能夠考慮到自我的關係以及自我跟萬事萬物的關係，只要拿定了方向就可以戰無不勝、運籌帷幄、決勝千里之外，能夠以小博大化解煞氣於無形之中，這就是無形的力量也就是奇門遁甲的力量。

擇日造課之法猶如人之再次改運造命，而且將本命與風水地脈吉地和天星射入的角度做一個結合，而產生的共構，使天地人三才合一涵融為一體的法門，是為上乘天之日時，下擇地之方向，進而奪日月之光，如晉郭璞景純先賢曰：「天光下臨，地德上載，藏神合朔，神迎鬼避。」此為先賢對擇日學之妙用與功能之釋述，古書亦云：「地靈鍾山川之氣，佳期奪日月之光。」由此可見擇日學與人謀營之吉凶好壞的關係是密不可分，故而吉祥物若能配合天星奇門遁甲之術來擇日安放，就能收到招吉納祥的最佳無形的靈動力，這個道理簡單來說就是選擇好的時間與對的地點，放到對的東西，這樣就能夠得到最大的效力。

近年來全球天候異常，天災地變頻傳，不是嚴重乾旱，就是水患成災，龍捲風也是一個跟著一個來，繼「全球暖化」之後最新的氣象新名詞就叫做「全球怪天」，現在地球南北極的物理條件失調與地球暖化之衝擊現象包括了：海水倒灌、天候異常（水患、乾旱、暴風、聖嬰現象、反聖嬰現象）、致命熱浪、森林火災、農作欠收、饑荒與傳染性疾病蔓延、動植物遷徙甚至物種滅絕……等等，造成以前所謂的地球暖化現象（聖嬰現象與反聖嬰現象）是七、八年一變，現今卻是一年一變的大災害，在這個地球環境磁場極度混亂不穩定的年代裡，應當先將自己的居家環境的磁場調理好，讓家中先能吸收到天地的靈氣，把家內的磁場做好，這是很重要的一件事。

為了讓更廣大的讀者能夠輕鬆迅速的搞定陽宅煞氣，所以筆者特別編寫了這本《化煞》，希望各位讀者看完本書後能如易經所云：「與天地合其德，與日月合其明，與四時合其序，與鬼神合其吉凶。」而招吉納祥，避邪押煞，事事平安如意。

謹識

目錄

貳、陽宅開運化煞實戰篇

壹、化煞吉祥物

源流篇

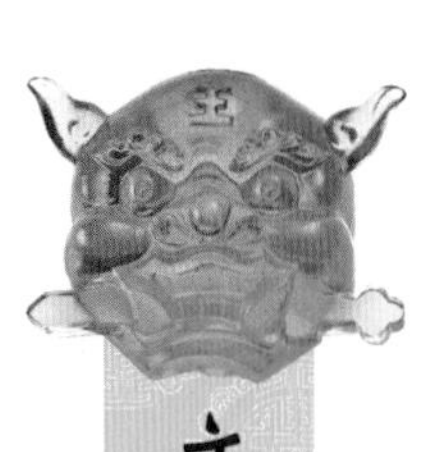

文化是人類生活的精華結晶

人類的生活方式即是文化的本質，依人類學者的說法，認為文化是指人類在生活上的共同活動所創造出來的所有產物，從科技、經濟、倫理、政治、民俗、藝術以致於宗教信仰，都是文化的創造來源，更是人類生活經驗的精華結晶。

中國人崇尚風水堪輿，舉凡住屋格局、坐向皆有一定格式。如居民遇有疾病災禍，往往歸因於屋宅相沖之說，為擋煞制沖，祈求住宅平安，各式鎮宅避邪的器物、圖騰應運而生，這些生動的「避邪物」俗稱「厭勝物」，又稱為「禳鎮物」、「鎮物」、「鎮宅物」、「制煞物」、「化煞物」等等。

厭而勝之壓伏制勝

厭勝的意思是「厭而勝之，壓伏制勝。」是使用法術或祈禱以驅邪的儀式達到避邪制煞的目的，此外避邪制煞的物品就叫「厭勝物」，其實我們平常生活中也能時常能見到一些厭勝物，像雕刻的桃版、桃人、八卦牌、獸牌、刀劍、門神、神獸等等。

厭勝物一詞反映出人們因厭惡、討厭、懼怕之情緒而產生壓煞致勝的行動，所以厭勝物及吉祥物是把不利人居的煞氣，改變成對我們有用的磁場，這就是道家的最高法門「化煞為權，藉權為用。」

避邪的意義是指辟除邪惡，所以具有積極主動的態度。然而「厭勝」一詞最早在正史中出於《後漢書‧清河孝王慶傳》的記載：「因巫言欲作蠱道祝詛，以菟為厭勝之術。」指的是一種武術行為，後來則被引用在民間信仰上，轉化為對禁忌事物的克制方法。宋李石的《續博物誌》中記載：「學道之士，居山宜養白雞、白犬，可以避邪。」所以人們為的是要求能夠安身立命，故不得不建立自我防衛系統，一則為內在心靈空間的精神防衛系統，另一種是外在環境空間的實質防衛系統。

明朝鄭成功時期「獅」之祥瑞圖像已然成形，而歷經清朝到日據時代的演變，懸掛劍獅來驅邪避煞已經是安平地區非常普遍的民俗文化。

放置八卦獅咬劍對準飛簷沖射之處

現代以琉璃精製的八卦獅咬劍來化煞避邪。

厭勝之術的歷史傳說

1、黃帝涿鹿大戰蚩尤

約四、五千年前，中國遠古傳說有熊氏黃帝與神農氏炎帝兩族聯合與九黎族蚩尤在於涿鹿之野（今河北省涿鹿縣）展開長期的爭戰，這就是著名的涿鹿之戰。傳說蚩尤兵力強大，威振天下，但是黃帝仁義，敵不過蚩尤的兵力，當黃帝兵敗仰天而嘆之時，上天派遣九天玄女下凡塵，傳授給黃帝靈寶玉符、兵法、陰符經、夔牛鼓等仙器，黃帝實力大增，一舉將蚩尤制服於青丘，統一中原。在這傳說的典故之中九天玄女所傳授給黃帝的靈寶玉符、兵法、陰符經、夔牛鼓等仙器就是厭勝之術的緣起。

有關這段傳說典故，中國歷代許多文獻都有記載，如《龍魚河圖》云：「黃帝攝政前，有蚩尤兄弟八十一人，並獸身人語，銅頭鐵額，食沙石子，造立兵仗刀戟大弩，威振天下。黃帝仁義，不能禁止蚩尤，遂不敵，乃仰天而嘆。天遣玄女下，授黃帝兵信神符，制伏蚩尤。」；《黃帝內傳》說：「帝伐蚩尤，玄女為帝製夔牛鼓八十面，一震五百里，連震三千八百里。」；《通鑑外紀》說：「黃帝命岐伯作鼓。」《山海經．大荒東經》說：「東海中有流坡山，入海七千里。其上有獸，狀如牛，蒼身而天角，其光如日月，其聲如雷，其名為夔。」

九天玄女所傳授給黃帝的靈寶玉符、兵法、陰符經、夔牛鼓等仙器就是厭勝之術的緣起之一。

漢代畫像磚描寫黃帝戰蚩尤。

2、姜太公乃厭勝第一人

姜太公，姓姜名尚，字牙（又作子牙），號太公望，又號師尚父。東海上人（今山東日照），相傳為炎帝之裔。他的祖先在虞夏之際因協助大禹治水有功，受封於呂，故又叫呂尚、呂望、呂子牙、呂太公。

姜太公是我國古代著名的政治家及軍事家，曾為周朝立國創不朽的功勛，因功封於齊，成為周代齊國的始祖，姜太公也是經典小說《封神演義》中的靈魂人物。姜太公的道德功業最為後人所推崇，唐玄宗時，敕令天下諸州各建一所太公廟，並要求以張良配享，在春秋、仲秋月上戊日祭祀，每當發兵出師或各將領及文武舉人應詔時，都要先去太公廟拜謁，並追謚姜太公為「武成王」，使姜太公成為與孔子文聖並列的武聖人。宋真宗時姜太公被封為「昭烈武成王」。

有關姜太公的神話傳說與民間習俗相當繁多，例如每逢春

姜太公是我國古代著名的政治家及軍事家，曾為周朝立國創不朽的功勛。

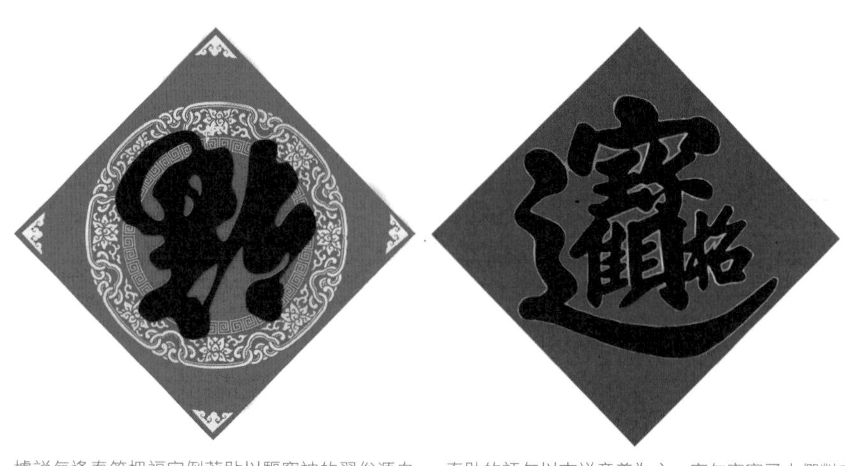

據說每逢春節把福字倒著貼以驅窮神的習俗源自於姜太公。

春貼的語句以吉祥意義為主，字句寄寓了人們對幸福生活的期望。

節，把福字倒著貼以驅窮神，很多地方貼窗花、破五節以及結婚新娘蒙紅頭的習俗皆源自太公。另外，像人們常見的陝西名吃澆湯麵、四川宜賓名吃李莊白肉、兒童玩具風車，傳說也都是姜太公的發明，這些傳說中不乏一些與厭勝之術相關的傳說。

現代以檀香木雕刻的姜太公釣魚。

3、姜太公射像收服丁侯

《太公金匱》曰：「武王伐紂，丁侯不期，尚父乃畫丁侯於策，三旬射之，丁侯病大劇。使人卜之，祟在周；恐懼，乃遣使者請之于武王，願舉國為臣虜，武王許之。太師尚父乃以甲乙日拔其頭箭，丙丁日拔目箭，戊巳日拔腹箭，庚辛日拔股箭，壬癸日拔足箭，謂使曰：『歸矣。吾已告諸神，言丁侯前畔義，今已遣人來降，勿複過之。比使者歸，子之君所息念矣。』使者辭歸，至，丁侯病乃愈。四夷聞之，皆懼，各以其職來貢。」

這個故事是說周武王伐紂後，天下歸服，只有丁侯不肯朝見天子，姜太公就畫了一張丁侯的畫像，並且向著這張丁侯的畫像射箭，於是丁侯突然生起病來，當他

姜太公射像收服丁侯，展現出厭勝之術的玄奇。

知道是姜太公對他施了法術，便趕緊派使臣去向武王表示臣服，姜太公在甲乙日拔掉了射在畫像上的箭，丙丁日拔掉了畫像眼睛上的箭，直到壬癸日拔掉了畫像腳上的箭，這時丁侯的病就立刻痊癒了，這就是姜太公厭勝之術的傳說故事。

4、姜太公在此—諸神退位的故事

常用的一句生活歇後語：「姜太公在此—諸神退位。」這個典故來自於姜太公的傳說，這個傳說的版本很多，其中一個跟陽宅風水化煞有關的傳說是說，姜太公來到同一個地方三次，老是看見有一家人在蓋房子，他很疑惑，就問：「你家為何要年年蓋房子？」屋主說：「我家房子只要一蓋好就被火燒掉，已經好幾次了。」

姜太公就交待屋主在上樑的隔夜多做些糕糰，到了上樑那天，姜太公叫木匠將年糕糰從屋頂上向下拋，結果來觀看的村民紛紛前來爭搶糕糰，事後，姜太公對屋主說：「上樑時來搶糕糰的人多，這些人各種生肖都有，把十二生肖湊滿了，火神就不敢來燒房子了。」

果然，房子蓋好後就沒再發生火燒屋了。後來，人們在造房子時就會拋丟糕糰或小餅以及在樑上貼上「姜太公在此，百無禁忌。」或「姜太公在此，諸神退位。」的紅紙，意思是只要有姜太公在這裡，就可以消災解厄，什麼事都吉祥如意。

自唐代以來，中國很多地方大街小巷的要沖位置，都刻有「姜太公在此，諸神退位」的磚砌於墻壁，可用來驅邪辟惡，逢凶化吉，居家安寧。

傳說周文王曾封太公為灌壇令，管理齊國，結果泰山一帶風調雨順，五穀豐登，國泰民安，有一天文王做了一個夢，夢見出巡的路上有一個少女當道而哭，文王問其緣故，少女說她是東岳泰山的女兒，如今父王嫁她為東海婦，她要去東海必須興風作雨，這樣勢必要毀壞百姓的莊稼和房屋，姜太公的名聲威望，也會一落千丈，她左右為難，因此而

天無忌 地無忌
姜太公在此
陰陽無忌 百無禁忌
但一應興工破土
造起修理皆通用
寫姜太公符者不
宜用白紙用黃紙

《魯班經》中對於姜太公在此的記載：「但一應興工、造起、修理皆通用寫姜太公符者，不宜用白紙用黃紙。」

哭。

文王一覺醒來，急召太公來問，就在太公前來面見文王的當天，泰山地區便有大風疾雨出現，泰山神之女趁太公不在，興風作雨去了東海。所以，民間認為只要姜太公在此，鬼神就不會作孽了。因此，人們紛紛把刻著「姜太公在此，諸神退位」的磚砌在屋外、路口的墻壁上，用來降妖伏魔。

中國民間習俗常會在牆上寫上「姜太公在此」，象徵降妖伏魔，趨吉避凶。

5、泰山石敢當

有關於泰山石敢當的由來也是眾說紛紜，有人說是一塊石頭的故事，也有的說法是姓石名敢當的故事，還有一種說法是姜太公就是石敢當。傳說姜太公封神時，封到最後不知道是因公忘私，還是忙得糊塗了，竟然忘記了自己的姓名，最後只好自封自己為泰山石敢當。

西螺的這塊泰山石敢當，其設立目的是期望鎮住濁水溪的河水氾濫成災，所以碑上「泰」字的水少了一點、而「石」字上多了一點，是希望溪水少一點而石頭多一點，以免氾濫成災。

6、桃符神荼鬱壘

據《山海經》記載，滄海之中，有座鬼山，還有一棵覆蓋三千里的大桃樹，島上還有神荼、鬱壘兩位神通廣大的神人，善於降鬼，於是黃帝向全國宣佈了一道命令，在春節之前家家戶戶都要用桃梗刻製神荼、鬱壘之像，除夕那天懸掛在門前。

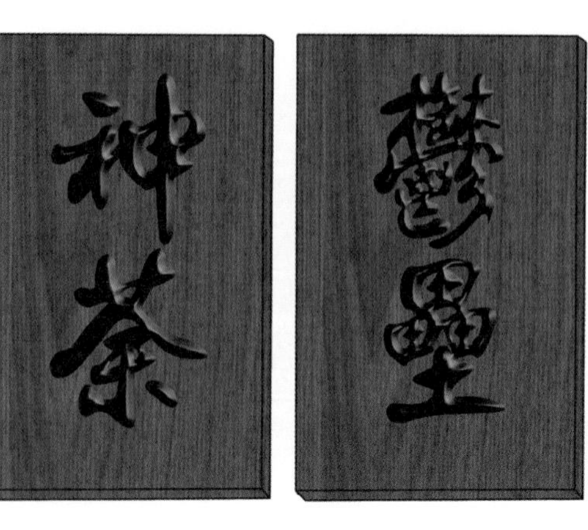

桃符是在桃木上題上神荼、鬱壘的名字，於除夕掛在大門兩旁，以壓邪祛鬼。

同時還要在大門上懸掛葦索，二門上要畫一隻虎，用來避免妖魔鬼怪的侵擾。沿襲到後來，人們就直接在桃木上畫兩個神像，題上神荼、鬱壘的名字，於除夕掛在大門兩旁，以壓邪祛鬼，這就是「桃符」及「門神」的由來。

中國春節掛桃符的傳統習俗，在許多詩人的筆下多有記載，白居易《白禮六帖》：「正月一日，造桃符著戶，名仙木，百鬼所畏。」；王安石《元日》：「爆竹聲中一歲除，春風送暖入屠蘇。千門萬戶曈曈日，總把新桃換舊符。」由此可見古代春節期人們掛桃符的盛況，所以春聯、門神、年畫等習俗也與桃符有著密切的淵源。

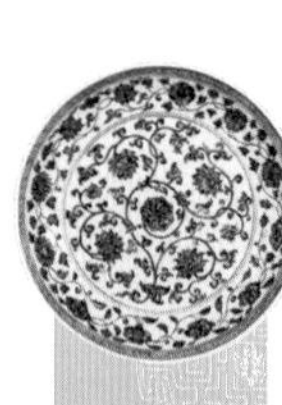

厭勝物的歷代史料記載

1、宋李石的《續博物志》中記載：「學道之士，居山宜養白雞白犬，可以避邪。」

2、《史記索隱》卷八：「東闕名蒼龍，北闕名玄武，無西南二闕者，蓋蕭何以厭勝之法故不立。」

3、《說文》云：「闕，門觀也。秦家舊宮皆在渭北，而立東闕北闕，蓋取其便。」

4、《後漢書》卷一：「明年，方士有夏賀良者，上言哀帝，云漢家曆運中衰，當再受命。於是改號為太初元年，稱陳聖劉太平皇帝，以厭勝之。及王莽簒位，忌惡劉氏，以錢文有金刀，故改為貨泉，或以貨泉字文為白水真人。」

5、《晉書》卷五九孫秀傳：「秀家日為淫祀，作厭勝之文，使巫祝選擇戰日。又令近親於嵩山着羽衣，詐稱仙人王喬，作神仙書，述倫祚長久以惑眾。」

6、《南齊書》卷六明帝紀：「上初有疾，無輟聽覽，祕而不傳。及寢疾甚久，勑台省府署文簿求白魚以為治，外始知之。身衣絳衣，服飾皆赤，以為厭勝。巫覡云：後湖水頭經過宮內，致帝有疾。帝乃自至太官行水溝，左右啟：太官若無此水則不立。帝決意塞之，欲南引淮流。會崩，事寢。」

7、《閱微草堂筆記》中說：「從弟東白宅在村西井畔後……其中有屋數間，夜中輒有叩門聲，雖無他故，而居者恒病不安。一日門旁牆圮出一木人作張手叩門狀，上有符篆，乃知工匠有隙於主人作是鎮厭也。」

8、《隋書．地理志》記載：「二郡又有牽鉤之戲，云從講武所出，楚將伐吳，以為教戰，流遷不改，習以相傳。鉤初發動，皆有鼓節，群譟歌謠，振驚遠近，俗云以

《魯班經》記載屋宅正對別人的屋脊或是牆頭牌坊時，用瓦石材做一個將軍模型，選擇一個吉日良辰，把「瓦將軍」安置在自己屋宅被他人屋脊牌坊正對的地方就能化解煞氣。

此厭勝，用致豐穰。」

9、《白下瑣言》載：「（南京）民居稠密，屢罹火患，乾隆五十四年，制軍高佳公書麟，創作水星鼎於聚寶門城上，以鎮厭之，其患漸息。鼎為銅鑄。其形圓，底足皆鐵，通高四尺有奇，上嵌八卦，十六乳，四周各有篆書『水星』二字。」

10、《魯班經》中有二十七條關於「厭勝」的記載，所用的物品稱之為鎮物或禳解物，其中禳解類篇章中有介紹瓦將軍、泰山石敢當、山海鎮、天官賜福、葫蘆化煞……等禳解物，就民間居宅凡是有犯沖、不寧靜，或是祈求敦親睦鄰、富貴發財、人口聰慧長壽…等，都有它的祈禳術法，而這一些的術法，其中有部分到

《魯班經》記載山海鎮如不畫者只寫山海鎮，如可畫之猶佳，凡有巷道、門路、橋庭峰、土推、鎗柱、船埠、豆籮柱，等項通用。

現在還廣被使用，並且普遍為一般人所知曉及深植人心之中。

《千鎮壓法經》中記載禳鬼入宅作害的化煞方式。

厭勝術在中國傳統建築中的運用，歷年以來形成了一些相對固定的形式和做法，被《營造法式》等古代建築學文獻所記載與流傳。而民間建築活動對厭勝術的保存和運用則是更加多采多姿，在《魯班經》、《千鎮壓法經》、《新鐫工師雕斫正式魯班經匠家鏡》等民間建築文獻中，我們可以找到與厭勝有關的許多詳細記載。

直到現今，在台灣傳統建築匠師中仍然有「學功夫先學術」的說法，如果留心觀察，無論海內外，只要是在中國傳統建築式樣的建設工程中，皆能發現與厭勝有關的建築文化人類學之樣本。

避邪文化形成了嚴密的生活與精神之防衛系統

避邪文化在精神的保護功能佔了很大的成分，為使這些空間免於遭受風水煞或鬼煞陰靈的入侵，避邪物也應運而生。而避邪物設置的位置，通常會在河川池塘、街道通衢、村莊出入口或災禍連綿的地點，至於私人宅第則可視各家之環境，所需而自行設立避邪物，如此則形成了嚴密的防衛系統。

此外，也有人認為要達到內外的雙重保護效果，可將私設防衛系統往外推展至屋側、牆角、巷口、村莊出入口或災禍連綿發生地點的化煞避邪物的設置，這需要經過地方人士聚資或寺廟主持，就上述地點設避邪物以求合境平安。

道路交會複雜，交通意外多，用「鰲魚頂天負地」大型藝術雕像能化解煞氣增添祥瑞。

吉祥文化比避邪壓煞文化更加廣博

當避邪文化隨著時代演進時，慢慢的轉變為更廣泛且多樣性的吉祥物文化，例如年畫的吉祥文化就是最鮮明的例證，年畫起源於五代北宋時期，但是其淵源卻可以上推至秦漢或更早的避邪文化，例如早期的守護神門畫，舊稱「紙畫」、「紙片」或「畫張」等都是早期避邪文化的厭勝物。

其實早在春秋時期就已經有「萬壽無疆」、「天子萬壽」、「南山之壽」等吉祥語的記載，這表示當時已經出現祝壽形式和祝壽語言，從而構畫了一幅早期人類吉祥文化的圖景。到了戰國時期，吉祥文化的內涵愈加豐富，

傳統年畫寓意圖案「加官進爵」，圖中通常是以天官冠帶朝服為主，再取「冠」與「官」之同音，爵字共通，以此諧音寓意組成吉祥圖畫。

出現許多具有象徵意義的吉祥物，以表達人們避邪求吉的心理，隨著歷史的發展，吉祥意識、吉祥符號也逐步凝煉成為吉祥文化。

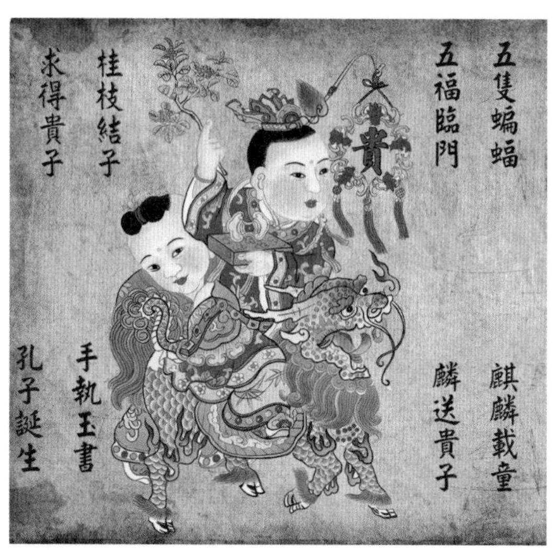

「麟送貴子」或「麒麟送子」是古代吉祥文化中祈子法的一種。傳説麒麟是仁獸，是祥瑞的象徵，能為人們帶來子嗣。

現代琉璃麒麟送子之樣式，《拾遺記》中描述，孔子誕生之前，有麒麟吐玉書於其家院，這個典故成為麒麟送子、麒麟開智慧、玉書麒麟、麒麟送貴的來源。

古羅馬時代羅馬人會運用水晶的神祕力量為人們預測未來和改變運勢，西方人強調水晶體所發出的七色光可以開發每個人的七個潛能中心。印度人在房間中會裝飾象徵生機的物品，他們會擺設圖畫、飾品、兵器和盔甲等象徵正面能量的裝飾品，他們認為有關色情、悲傷以及扭曲的圖畫會帶來負面的能量，會讓房屋的風水帶來不好的影響。

在墨西哥的馬雅神殿之中，常會使用黑曜石做為神獸和雕像的眼睛，還會用來製作武器，黑曜石屬於古老的西方聖物，對於墨西哥人而言有著特殊的神性，因此

馬雅神殿中的神獸雕像，空空的眼窩中原本都有一顆黑曜石。

也被用來當作占卜的工具。

埃及人會將荷花和鱷魚做為他們的圖騰，被視為神聖不可侵犯的神物，被廣泛的使用在埃及的建築之中，古埃及人認為荷花象徵輪迴與復活，相信荷花可以使人起死回生，所以在木乃伊裡面也會放進荷花。鱷魚是法老軍隊的守護神，又是創造之神、給養之神古埃及人認為朝拜鱷魚神 Sobek 能避免被兇猛的鱷魚攻擊。

埃及 Kom Ombo 神廟裡 Sobek 鱷魚神的雕刻壁畫。

人心趨吉是吉祥文化的中心

吉祥這個詞彙代表吉利與祥和，《莊子・人間世》：「虛室生白，吉祥止止。」成玄英疏：「吉者，福善之事；祥者，嘉慶之徵。」《說文》曰：「吉，善也；祥，福也。」《釋名》曰：「吉，實也，有善實也。羊，祥也，祥善也。」

吉祥就是人類內心盼望人生平安、幸福、美滿、如意的願望。每個人都想追求吉祥、趨吉避凶，所以吉祥符號、吉祥物、吉祥圖案，都是人類依照生活經驗法則，創造出來藉以傳達心聲的工具，人們通過它們進而達到改變氣場、增強運勢、避邪趨福、

清代乾隆時期雕刻的劉海戲金蟾版畫。

使事物朝著有利於人類幸福生活的方向進步。

在中國古代吉祥物遍及所有人的生活細節，上至皇親貴族下至販夫走卒常會為了能找到一件適合自己能趨吉避凶及的吉祥物品而費盡心思，例如：皇帝用的龍印寶璽、武將腰帶上的瑞獸牌、官員的官帽、兒童的長命鎖和紅肚兜、老人配戴的如意、女性貼身的香囊及紅肚兜、男性的腰帶及玉珮等等都是吉祥文化的表徵。

在民間，有關吉祥物的傳說傳奇更是不勝枚舉，比如龍的傳說、泰山石敢當、劉海戲金蟾、獅滾繡球、玉書麒麟的故事等等，都是膾炙人口的民俗故事。

一件吉祥物可能會成為救命之藥或是父子間的傳家之寶，也可能是夫妻之間的定情之物，在人們的潛意識裡吉祥物已成為人們心靈的寄託以及趨吉的祈望。

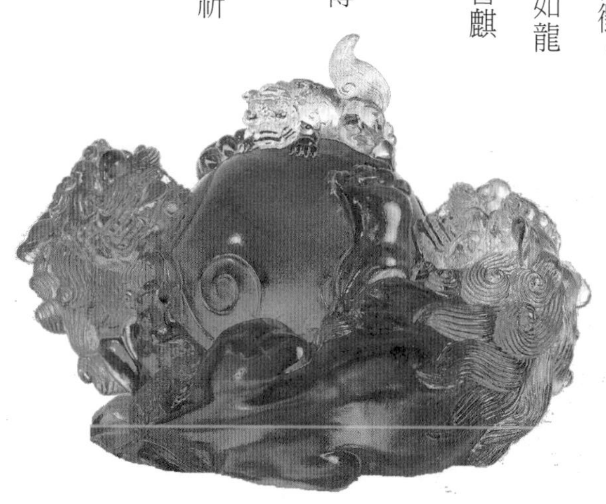

出自獅滾繡球典故的琉璃吉祥物獅獅圓滿。

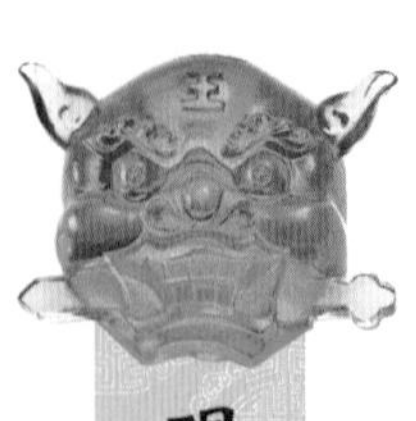

現代吉祥物橫跨古今大放光芒

從上古時期古樸的石獅、石象、石龍、石鳳到當今做工精美的中國結、中華龍、麒麟、貔貅、金蟾、玉墜乃至於二〇〇八年北京奧運會的吉祥物福娃、各類職業運動的吉祥物，如中華職棒的吉祥物等等，都屬於吉祥物的範疇，吉祥對於中國人而言，就像水對於魚，天空對於鳥，空氣對於萬物那樣的自然以及密不可分的關係，吉祥物文化層出不窮的出現並且禁得起時間的考驗而歷久彌新，它在歷史文化中淬煉出奪目耀眼的光芒。

在現代生活中，吉祥物仍然被廣泛應用於國家層面的大型活動及儀式上，上至國家，下至一個家庭、一個人，時時刻刻無不與吉祥物緊密的連繫在一起，它們也引起越

中國故宮太和殿外龍龜像。

來越多的民俗專家、學者所重視，把傳統文化和今天的科學文明結合在一起印證，使之古為今用，發放光芒。

台灣艋舺龍山寺銅鑄龍柱。

現今企業大門口豎立之九頭靈獅。

中國故宮石獅。

現代琉璃精製之龍龜。

中華職業棒球（CPBL）的吉祥物計有兄弟象、義大犀牛、統一獅以及Lamigo 桃猿，不但造型活潑擁有超高人氣，更能直接傳達出球隊的文化精神。

2008 年北京奧運會的吉祥物福娃。

吉祥物需對症下藥方能藥到病除

正統的吉祥物配合命理及風水學的原理通過陽宅或個人使用，以懸掛、置放、攜帶吉祥物的方式來達到健康平安避煞驅邪趨吉等方面的效果。其實，吉祥物文化就像是醫生替病人看病的藥材，診斷出病因之後並需對症下藥方能藥到病除。

所以一件件的吉祥物，就像藥舖中陳列的一味一味的中藥材一般，可以化解人們改變命運消災解厄的各種需求，例如求財有金蟾、聚寶盆……等等，求健康有葫蘆、佛基、福祿壽三星……等等，求智慧的有魁星踢斗、文昌塔、文昌筆、玉書麒麟……等等，求姻緣的有龍鳳杯、愛神等等，白虎高壓可以用龍山加綠色植物來化解。

厭勝物參雜了宗教世界的精神、神話國度的寓意、大地萬物的法則以及現實生活的意念，再配合藝術及美的創作，因而形形色色，意象繁眾，諸如屋脊上的風獅爺、門楣上的門神、八卦牌、倒鏡、獅牌，到牆、籬、廳堂的照牆、照屏、屋頂置烘爐、入口設照壁與刀劍屏，村落四隅佈置五營元帥、路沖安置石敢當，式樣繁多。

風水學很重視納旺氣、避煞氣，講究的是趨吉避凶，若是住宅有太多煞氣，住在裡面的人，運勢自然會比較低落，而且往往會生病，影響到身心的健康，若是犯了嚴重的風水煞氣，還可能因此受傷，產生血光之災或無妄之災，所以平常就要多注意家中的人是否有經常生病，或是常發生意外之災，也許就是陽宅風水遭受煞氣的影響，必須要盡快改善，若是能將制煞物結合吉祥物來趨吉避凶，開運旺宅，必能讓您家宅安康，財丁兩旺。

張清淵大師以玄空大卦及奇門天星擇日法來佈局與諏選良辰吉日，以正統道脈相傳之道法「為龍泉獅吼許願池」移龍轉脈，將無形及有形的靈動力結合在一起，發揮出至高靈性。

吉祥物一定要有正確的開光程序

一般人隨意在坊間購買回來的物品，只能算是一種裝飾品，並無任何靈動力，您可以實證去訪問您的親朋好友或左鄰右舍看看，他們在市面上隨興購買那些不經過加持、開光、請神回來的鎮宅吉祥物，有任何靈動力？他們的運勢有沒有改善？如果沒有的話，它只是裝飾品而已，因此不用花那些比市面上高很多的價錢，來買普普通通的裝飾品，您說是嗎？

宋朝大儒朱熹曾提出：「統體一太極，物物一太極。」所以物物各有太極，每個吉祥物都有獨立且各自不同的功能及效力，只要功能和方法及按奉之地點用對了，就能夠將吉祥物的無形力發揮出來，藉而將無形靈動力轉化來幫助人們趨吉避凶。

有功效的吉祥物必須依據您的出生年月日時及家宅的坐向之方位，以天星奇門遁甲配合您紫微斗數與八字命盤，來選擇黃道吉日，並聘請道德崇高、經驗豐富、功力及法力高深的法師，來為您的鎮宅吉祥物請神、持齋、唸誦經文及敕符咒，並以正統道脈相傳之開光、點眼、加持，這樣吉祥化煞品才能藉天地之靈氣、日月之精華，開啟吉祥物潛藏的最佳靈動力，以達神速且有效應的鎮宅及壓煞驅邪，並使財源廣進，好運到來。

要將吉祥化煞品請回家安放時，還需要配合個人八字、房屋坐向然後以天星奇門遁甲之術，配合您紫微斗數與八字命盤來選擇良辰吉日與安奉方位，如此，方告大成。

這樣的過程就好比家中供奉之神佛；或寺廟中所供奉之神佛；每逢佳節慶典之日的舞獅舞龍；或是端午節的龍舟，都必定經過德高望重的人來執行點睛儀式，並經過法師誦經、

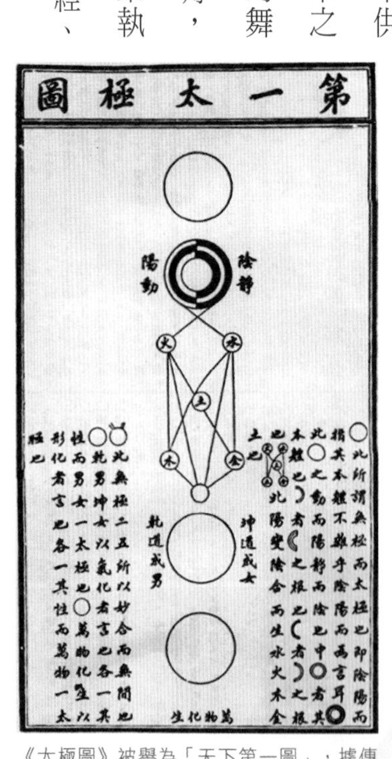

《太極圖》被譽為「天下第一圖」，據傳是宋朝的陳摶所創，周敦頤寫了《太極圖說》加以解釋，此圖是朱子修訂的《太極圖》以及他所作的《太極圖解》。

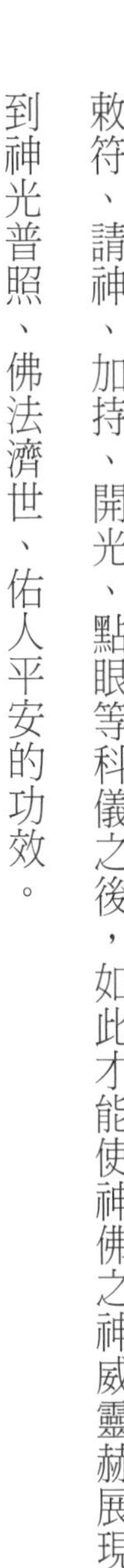

敕符、請神、加持、開光、點眼等科儀之後，如此才能使神佛之神威靈赫展現出來，而達到神光普照、佛法濟世、佑人平安的功效。

張清淵大師以正統道脈相傳之道法為吉祥物開光、點眼、加持。

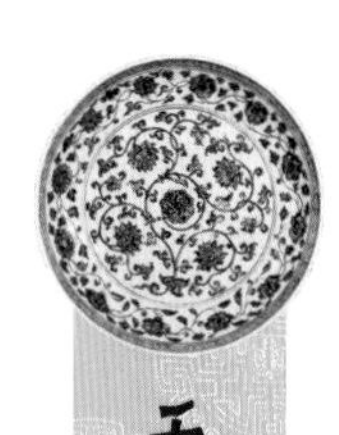

天地人三才合一讓吉祥物發揮最大效力

擇日造課之法猶如人之再次改運造命，而且本命與風水地脈吉地和天星射入的角度做一個結合，而產生的共構，使天地人三才合一涵融為一體的法門，是為上乘天之日時，下擇地之方向，進而奪日月之光，如晉郭璞景純先賢曰：「天光下臨，地德上載，藏神合朔，神迎鬼避。」此為先賢對擇日學之妙用與功能之釋述，古書亦云：「地靈鍾山川之氣，佳期奪日月之光。」

由此可見擇日學與人謀營之吉凶好壞的關係是密不可分，故而吉祥物若能配合天星奇門遁甲之術來擇日安放，就能收到招吉納祥的最佳無形的靈動力，這個道理簡單來說就是選擇好的時間與對的地點，放到對的東西，這樣就能夠得到最大的效力。

剎那間宇宙天體變化影響吉凶禍福

個人命運之吉凶禍福、富貴窮通，取決於出生時的一剎那間所接收到的宇宙天體的結構變化之磁波頻率，也因其磁波頻率長短高低而決定其人一生之窮通、禍福、富貴、貧賤、吉凶、悔吝之頻率，即宇宙天體在運轉旋動的過程當中，其所產生的磁波頻率即所謂的能量場，對某一特定的點（空間、位置、方位、地點）之萬事萬物即人、事、地、物，之剎那瞬間的好壞、強弱、長短、善惡、高低、吉凶之定位，因此就有了以出生年月日時（時間）及出生之地點（空間）做為其人之生命和運勢之磁波能量場的起伏高低之藍圖，以為人生命（人、事、物）之軌道來預測，人生命運之起伏輪廓，以做為趨吉避凶之道，此即命理學。

如：中國之子平八字、紫微斗數、西洋十二星座……等相關之命理學，即人在宇宙中的不同位置點，加上時間的推移，使人們發現在其一生的命運軌道上，即生、老、病、死的過程當中，即時空的不同，往往就會產生了好壞吉凶的懸殊的差異性。

奇門遁甲是帝王將相之學

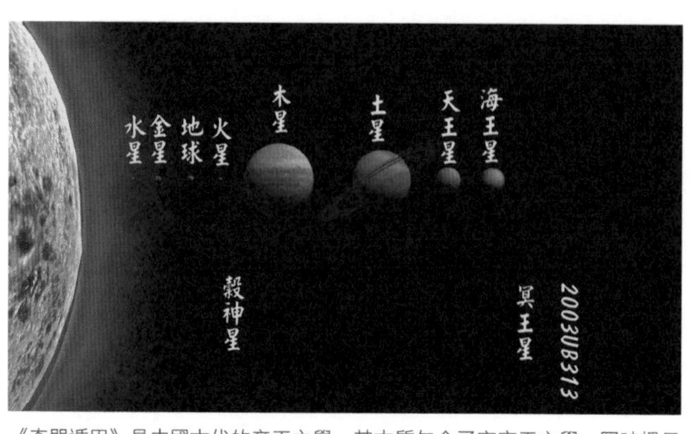

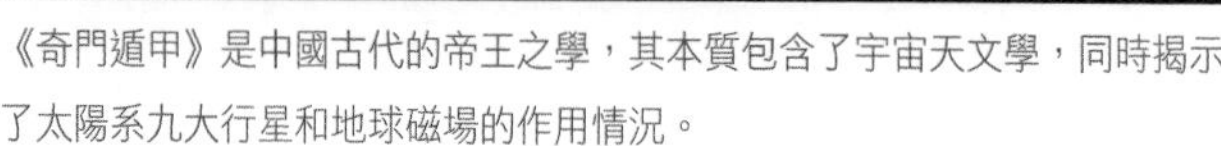
《奇門遁甲》是中國古代的帝王之學，其本質包含了宇宙天文學，同時揭示了太陽系九大行星和地球磁場的作用情況。

最早的擇日天文學，相傳始於黃帝與蚩尤之戰，黃帝因得九天玄女授陰符經奇門遁甲之術，命風后演奇門遁甲制式，上層象天而置九星，中層象人以開八門，下層象地以分八卦而得以大敗蚩尤於涿鹿，故而奇門遁甲係為兵家之運籌帷幄決勝於千里之外的思維準則，上可輔國安邦，下能便覽營謀，是為帝王將相之學。

而史記曆書言：黃帝考星曆建立五行起消息，正閏餘並使羲和占日，常儀占月，臾區占星氣，車區占風，伶倫造律呂，風后演奇門、大撓作甲子，棣首作算數，容成總此而作調曆，故而可知天文奇門遁甲之絕學，是為帝王將相之學，大可容於運籌帷幄之機宜，小含進退攻防之妙算，其大可範圍天地而不過，小可曲成萬物而不遺，是為密術中之密術，不管任何事物僅在一線之隔就可立判吉凶，而好壞自有分別。

奇門遁甲之學的演變，主要歷經了黃帝創奇門、風后制奇門、太公佈奇門、子房刪奇門等四大階段。

黃帝創奇門有四三二〇局，其法乃歲按八卦，分八節，節有三氣，一年二十四氣，每氣有天地人三候，一年有七十二候，一候有五日，一年有三六五日，一日有十二時，一年有四三二〇時，是以一時定一局，故奇門有四三二〇局。

風后制奇門，簡化為一〇八〇局，陽遁五四〇局，陰遁五四〇局，合陰陽二遁，共為一〇八〇局。

周太公姜子牙，諳兵法，善佈奇門，以七十二候，一候製一局，五日一易，則

孔明出師行陣皆用奇門遁甲取勝，自隆中出扶蜀漢室時，佐劉備三分之業，而其神機妙算莫不本於奇門遁甲。

歐陽詢之小楷黃帝陰符經。

刪定七十二局。

漢朝開國大臣張良，字子房，子房再將奇門精簡，分陽遁九局，陰遁九局，共成十八局，以為萬古不易之定式。

奇門遁甲之絕學，經歷了這四個突破性的階段後大成，但是論及流傳於後世及發展應用之功，當歸功於諸葛亮與劉伯溫二人的著書立說，方不至於失傳。據說諸葛亮得其學於龍門山岩穴之間，是以諸葛亮出師行陣，皆用奇門遁甲以取勝，可謂功蓋天下，名成八陣圖，而諸葛亮遁甲旬內逐日遁時，為八門以定吉凶，分內外勝負集為秘書一編，傳至於世，到了明朝，劉伯溫集張良和諸葛亮之大成，總結前人學說，加以整理，最終修訂出傳世經典《金函玉鏡奇門遁甲》。

故奇門遁甲上可乘天之日時，下可擇地之方向，以術奇門為天時順逆之判，而以行趨吉避凶之法，而法奇門是藉由道家之神通奧妙之術以施法行籙，步罡踏斗，而為避難潛身謀營之用，故而奇門遁甲術自黃帝以後之歷代王朝，皆視為不可輕傳之治世秘學，並嚴禁民間百姓使用，如唐朝等皆設有禁令。

尤其明朝之開國皇帝朱元璋即位後，深深體會到成敗僅在一線之隔，並思得天下之時，借重劉伯溫之力甚多，劉伯溫是精通奇門遁甲術之高手，故而朱元璋深知通天文星象之學者絕不可輕忽，尤以奇門遁甲更為嚴重，因此下詔禁止民間學習天算，違者處以極刑，致使奇門遁甲之學幾乎因而失傳，因而本人為開啟承先啟後之作用，將民間普通所使用之三合擇日通書法，西洋天星擇日之法，結合了果老星宗七政之術，與太陽到山到向及黃道十二宮，三元卦影之先天卦氣後天卦運擇日學的應用，以此繼續為往聖繼絕學，為萬世開太平。

民間傳奇中劉伯溫的形象是一位神人，先知先覺的預言家，精通奇門遁甲之術，著有《燒餅歌》，被譽為中國三大預言書之一。

如相對等的人處於相同的地方，謀營相同的事物，但因時間的不同就產生了好壞吉凶截然不同的結果，或由相對等的人，在相同的地方（如僅在樓上、樓下，或只在隔壁之遙或僅只在對面之距），而謀營了相同的事物，但往往因為謀營創業開市的起跑點的時間不同，就產生了成功與失敗的不同結果，或是在相同的時間、相同的地點，而謀營相同的事物，但只因謀營的人有所不同，就有了吉凶成敗的差距性，這使人們發現了，因地球磁力場的變化，將使一個人運氣的好壞，及謀營的成果產生不同的現象，因此如何有效的掌握到好的地球的磁力場（能量場），是一個人謀營成敗的關鍵。

地球磁力場的好壞，取決於天體之運轉旋動的位置，及時間之推移而有所不同，故而就有擇日學之誕生，因為時間的推移，就是朝代的遞演改變，及體用關係的不同，也就是人的不同，而人也因階級的高低與富貴貧賤之分野，其所謀營之事務的大小必有所不同，因此也就產生各種不同層次的學術體系，及不同的應用和使用法則，如歷代王朝皆設有欽天監來掌管國家之觀天象、氣候、天文曆政，如隋之初期為太史令，隋之後期為太史監，唐朝五代為司天台監，宋又改為太史令，元朝為司天監，明清為欽天監。

擇日學使謀營之人得此有如再造自己的另一個出生年月日時之命運軌道，因開市創業之時日，如果可與自己本命出生年月日時相通而相生的話，將可藉此使您掌握到地球的好的磁力能量場，而儲存自身的電能磁力以增強自己的實力，以達有效的發揮潛能，並藉而改變運氣而扭轉劣勢，以為改善命運之效。

擇日學也就是根據天文學天星理論而延生出來的，不論是結婚、動工、安葬、開業、入宅，當事件開始的剎那間，天體的結構，宇宙間的磁場變化是好的能量場，或是不好的能量場，也就可決定您所進行事務之吉凶變化。

歷代王朝皆設有欽天監來掌管國家之觀天象、氣候、天文曆政。

吉祥物材質的能量特性比較

	材質	特性
1	琉璃	被譽為中國五大名器之首和佛家七寶之冠，也是道教貢神之寶物，有如火山爆發之強大能量，所以琉璃的能量具有散發快速又強勁之特性。
2	玉石	乃天然之寶物，傳說可通人性，但是其質量之好壞有天壤之別，需要收藏者用心愛護它、接觸它才能產生出綿綿不絕的靈動力，倘若收藏者沒有接觸玉石時，其散發出的力量就微乎其微。
3	水晶	是寶石其能量快速，但是天然水晶之質地優劣參差不齊，若非內行人士實難立即辨別出水晶之優劣。
4	木雕	因為植物容易且快速的接收到天然氣場與氣候遞演變化之氣息，故木雕是最能夠將自然界之能量反映出來，其能量是屬於緩慢的具有向四面八方放射而出的能量場。
5	銅器	銅器自上古商周時期便是貴族專享之器皿，承擔著禮制表徵以及顯赫地位之作用，延續數千年歷朝不衰，一直是國家棟樑之象徵，常被稱為國之重器以及祭祀禮器，銅器也具有避邪之作用。

6	陶瓷	陶與瓷兩者均由結晶態物質、玻璃態物質和氣泡三種組分組成，陶與瓷的區別在於原料土的不同和溫度的不同，陶瓷應用在生活當中十分廣泛，舉凡如餐具、茶具、缸、盆、罐、碗、花瓶、雕塑品、壁畫、工業陶瓷、建築磚瓦、無線電用絕緣子等。但是陶瓷應用在神佛雕塑上當擺設藝術品是相當精美，若是要按奉朝拜者，最好不要使用陶瓷器的材質，因為陶瓷器的原料本為土，而俗語說：「泥菩薩過江，自身難保。」再加上陶瓷神佛其心中空，試問無心的神佛，自身都難保了，有怎能護佑人們呢？
7	珊瑚	珊瑚佛家七寶之一，珊瑚與珍珠、琥珀並列為三大有機寶石，自古即被視為富貴祥瑞之物，是最佳的神佛貢品。天然紅珊瑚是由珊瑚蟲堆積而成，生長極緩慢，不可再生，而紅珊瑚只生長在三大海峽（臺灣海峽、日本海峽、波羅的海峽），受到海域的限制，所以紅珊瑚極為珍貴。

1、琉璃

琉璃自古以來被人賦予了深刻的文化內涵與神話色彩，火山高溫岩漿自地底噴發，在一二〇〇度的高溫下溶解了岩石中的礦物質，經過漫長的歲月，吸收天地精華，形成晶瑩剔透，色彩純淨美麗的晶石，這就是火山琉璃。

琉璃出土文獻七千年前即有發現，而春秋戰國已有正式文獻記載，後世歷代皆有琉璃藝術之精品傳世（馬王堆出土即是），琉璃是一種中國的古法材料，琉璃自古以來一直是皇室專用，因為對使用者有極其嚴格的等級要求，所以民間很少得見。為令人惋惜無法自成一體重點發展，而漸漸式微，直至近年受法國水晶藝術品風行與脫蠟鑄造法的復興，以及台灣藝術家的大力推展，才又使得中國古代的水晶藝術，再次得到新的契機。

琉璃有中國五大名器之首的美譽（金銀、玉翠、琉璃、陶瓷、青銅）、是佛家七寶之一（金、銀、琉璃、珊瑚、琥珀、硨渠、瑪瑙），到了明代已基本失傳，只在傳說與神怪小說裡可以見到記載，《西遊記》中的沙僧就是因為打破一隻琉璃盞而被貶下天庭的。

不過即使是明代很殘缺的工藝依然是受到品級的保護，當時的琉璃已經很不通透，因此又有「藥玉」之稱。《明制》載：皇帝頒賜給狀元的佩飾就是藥玉，四品以上才可以配

琉璃精製之道德天尊。

有。傳說中最早的財神聚寶盆，也是用琉璃做的，所以琉璃被認為是最有聚財聚福的財神信物，比人們常用的黃水晶更加直接且效果顯著。

現代的琉璃鎮宅吉祥物是採用「脫蠟鑄造法」燒製而成，由於琉璃製作需經過繁瑣的十六道製作的工序才能完成，又加上用一二〇〇℃的高溫冶製，技術難度極高，一模一件，件件皆不同，樣樣創新，並且融入了文創，結合了風水地理與民俗風情及文化藝術和生活習俗寓意吉祥，因此琉璃具有極高的藝術創作的美感和享受典藏收藏的價值。

台灣琉璃專家張瑞麟，現任琉緣風彩企業總經理兼創意總監，打造出無數極具典藏價值的琉璃藝品。

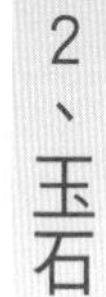

2、玉石

玉是一種天然的礦物質，其化學成分為鈉鋁矽酸鹽。玉石可以分為硬玉、軟玉兩種，硬玉俗稱翡翠，翡翠的硬度是六·五至七，目前地球上最硬的礦石是鑽石，硬度為十。上等的玉滋潤、透明，有油脂感，握在手中會有溫潤的感覺，通過顯微鏡，可以看到玉的內部呈纖維交織結構，粒度細緻。

玉石是中國五大名器之一（金銀、玉翠、琉璃、陶瓷、青銅），是古代帝王之象徵。例如秦始皇下令鐫刻皇印，宣稱只有皇帝印才可稱璽，將璽奉為天命的象徵。又獨以玉，作為歷代帝王相傳之印璽，所以名為「傳國玉璽」。傳國玉璽方圓四寸，上紐交五龍，正面刻有李斯所書「受命於天，既壽永昌」八篆字，以做為皇權神授、正統合法的信物。

玉石精雕之如意笑佛。

傳說傳國玉璽上的篆字是蟲鳥篆，本圖為「受命於天，既壽永昌」的仿製品。

中國漢朝皇帝與王公皇妃所用的喪葬殮服叫做金縷玉衣，當時人們十分迷信玉能夠保持屍骨不朽，更把玉做為一種高貴的禮器和身分的象徵。史載玉衣首度出現約為文景之治，會以玉衣做為貴族死者的殮服，最重要因素是漢朝宮室相信玉具有防腐功能，可永保死者生前的原貌。

俗語說：「外行看色，內行看種。」這是評價翡翠好壞的極重要的標誌。按習慣翡翠分為新坑種和老坑種、冰種、油清種、飄花種等等。翡翠的價值主要有顏色、透明度、結構、瑕疵、裂紋、切工和雕工等指標，「有色有種」為高檔翡翠，「無色無種」的翡翠則是低檔貨。

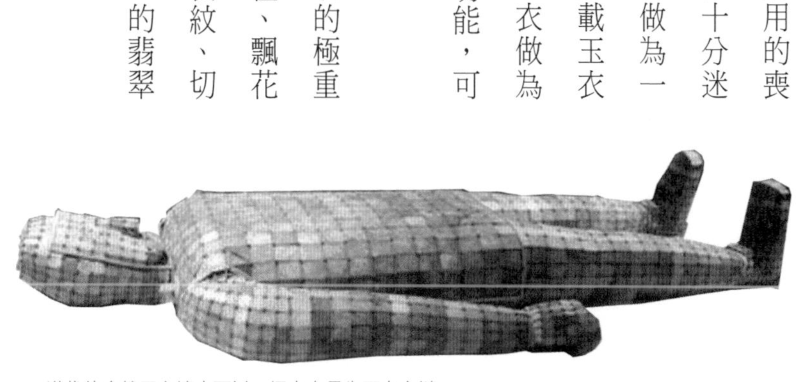

漢代的金縷玉衣讓人可以一探古人長生不老之謎。

軟玉的命名與硬玉相對而稱。它是以透閃石和陽起石為主要成分的礦物結合體。其摩氏硬度一般在六以下，因其硬度小於硬玉故稱為軟玉。中國目前所生產的玉石基本屬於軟玉。主要產地有新疆和田玉（白色）、遼寧岫岩玉（青、黑、黃褐色）、陝西藍田玉、貴州獨山玉和南陽青玉等。很適合做陽宅風水擺件的玉石有和闐玉、白玉、青玉、碧玉、墨玉、黃玉、瑪瑙、綠松石。

玉的作用具有滋陰補陽，養體活膚，調節人體消化系統，它還具有「避邪保平安」的功效。古語有云：「前三年人養玉，後三年玉養人，人養玉、玉養人」，這裡所指的玉都是天然的A貨的玉石，所以，如果佩帶的是好玉，就具有避邪、養顏的作用，但如果是人工做成的玉，則可能有危害作用，因為加入了化學成分如色素等成分。

3、水晶

火山爆發經過千萬年甚至億萬年後，大部分流出地面的岩漿變成了黑色的火山岩，少部分含二氧化矽岩漿的膠體沿著泥土空洞一層一層的沉澱，最後形成了瑪瑙。還有極少部分的二氧化矽岩漿在泥土和岩石的空穴與空氣相接觸，並且在一定的壓力和溫度下慢慢地在空洞壁上形成一支支的晶體，這些晶體再不斷吸納天地之精華，就形成了今天我們所說的水晶。而空穴就形成了所謂的水晶洞，所以說我們的水晶洞外表面是瑪瑙，內部的是水晶，水晶從成分上來說是一種石英石的結晶體，水晶是一種半寶石。

冰晶被古希臘人尊作月亮女神阿耳忒彌斯所賜下的月光精華。

水晶的物理特性

儲存：水晶帶有正負電荷，可以二進位元0與1的方式來表示，這就是電腦的基本運算原理。此一特性，使水晶能夠產生龐大的存儲空間。

記憶：水晶擁有結構堅實的六面體，結晶分子排列規律，能產生如人類大腦神經元相互串聯的特性，可以快速記憶處理大量的資料。

聚焦：水晶的石英分子，可以產生有如鐳射般的聚焦功能。因此，可以精確的投射電子訊號，甚至是人類的意念波。

傳遞：水晶的震盪頻率精確而規律，被大量運用在電子計量的領域。同時，可以做為電子訊息及人類的意念波動的傳輸介質。

轉換：水晶是聲、光、電、熱、磁場等不同能量形態的最佳轉換介面。因此，它是能量轉換為物質不可或缺的媒介。

擴大：透過超薄晶片的震盪特性，水晶可以將輕微的電子訊號，以相同的率加以無限擴大，能加以擴大傳導。

水晶功用一覽表

白水晶：稱「晶王」，白水晶的能量是屬於放射性的陽氣場，故能打散負性能量，使陰氣不得靠近而可鎮宅避邪、淨化全身、去除病氣、趨吉開運，帶來好運。

紫水晶：能召喚愛情，增強對異性的吸引力、亦能增進人際關係，隨身配帶可使情人愛戀不捨，並可增強人體之氣流循環，增加免疫抗病力，加速病體之康復，對病後之復健，極具效果，日本人稱為能源石可開發智慧，又稱為智慧之石。

黃水晶：可以招財進寶、創造意外財富，黃水晶中的黃光帶來偏財運，可創造意想不到的財富，是股票族、簽樂透彩者的最愛。

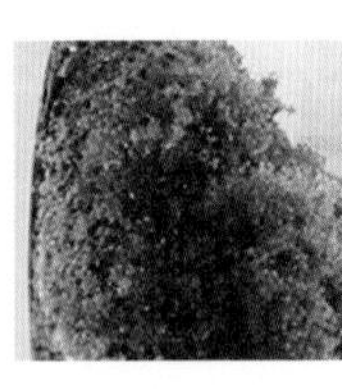

綠幽靈水晶：強化心臟功能、平穩情緒、增強精神與願力，有高度凝聚財富的力量，屬正財，是代表因辛勤努力而累積的財富，因為綠光是現代經濟動脈的光，若想擴展業務，吸引更多的財富因緣，就需要綠幽靈水晶，來凝聚正財。

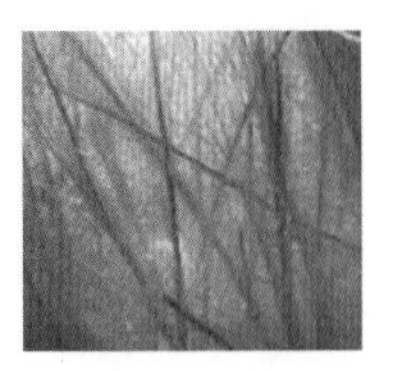

髮晶：磁場能量較強，可增強膽識，加強一個人的信心及果斷力，能帶給人勇氣，助人投射出權威的能量，有助於領導人命令的實踐與執行，可開啟人體氣脈、去病氣，對筋骨、神經系統有幫助，因為髮晶對中脈七輪有特殊的開發能力，其每根髮絲帶動水晶本身的能量加倍運作。

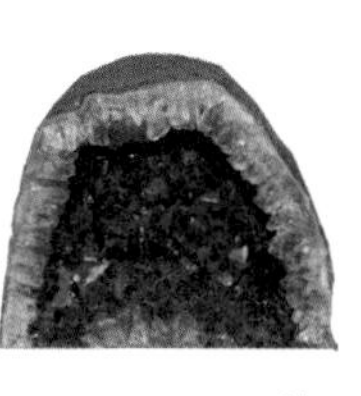

粉晶：可開發心輪促進情感發達的寶石，可幫助追求愛情、把握愛情、享受愛情的寶石。協助改善人際關係、增進人緣、並招生意緣，可以協助深入內心，發現自我，提高悟性。

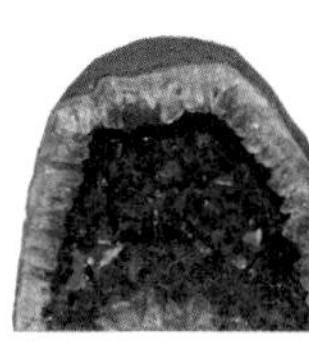

紫晶洞：紫晶洞內部晶柱密集，彼此能量產生共振有強大的凝聚作用，可凝聚屋內正氣，改善屋內風水，是最佳的風水石，放在家中財位，可避邪防煞又凝聚財氣。

白晶簇：放置家中是鎮宅避邪的守護石。對高血壓及腎臟疾病有助益，晶柱向四面八方放射可避邪擋煞，能量隨時獲得補充，具自動充電、化解負能量的功能。水晶簇為一能量淨化隨身的水晶寶石，更可防輻射。放在公司或家中財位一定又旺又發。

4、木雕

木雕是民間工藝之中極為精緻的一門藝術，木雕可以分為立體圓雕、根雕、浮雕三大類。木雕品一般會選用質地細密堅韌並且不易變形的樹種來雕刻，如楠木、肖楠、檀香、紫檀、樟木、紅檜、紅豆杉、柏木、銀杏、沉香、紅木、龍眼等都是適合木雕的樹種。

木雕是最能夠將自然界之能量反映出來，其能量是屬於緩慢的具有向四面八方放射而出的能量，例如成語：「一葉知秋」象徵了草木對四季的感應快速；白居易詩曰：「野火燒不盡，春風吹又生。」象徵草木的生命力十分旺盛、強韌，秋季燒荒的大火燒不完它，等到來年大地上吹來暖和的春風，從已燒焦的草根下又會長出旺盛的新草，所以木雕品對於四季的春夏秋冬感應最為快速。

木雕藝術的題材內容及表現形式除了取決於雕刻

加里曼丹沉香黃財神。

師的智慧技藝，也取決於木材的天然造型和自然紋理，也就是「因材施藝」。藝術木雕的表現手法豐富且不拘一格，有大刀闊斧、粗獷有力；有精雕細刻、線條流暢；有簡潔概括，巧用自然美。好的藝術木雕不僅是雕刻家心靈手巧的藝品，也是裝飾、美化環境、陶冶性情、令人賞心悅目的藝術品，具有較高的收藏價值。明清時代的木雕品題材，多見為生活風俗、神話故事，諸如吉慶有餘、五穀豐登、龍鳳呈祥、平安如意、松鶴延年等木雕作品，深受當時社會歡迎。

紅木：紅木並不是一種特定的樹種，而是對稀有優質硬木的統稱。木雕藝品常使用的硬木有：黃花梨、紫檀木、黑酸枝、黑檀木、非洲紫檀木、酸枝木、花梨木、雞翅木、紅檀等等，紅木生長和使用週期極長，能長成使用的也就彌足珍貴，紅木經歷時間越長其木質就越佳，給人古色古香的感覺就越濃厚。紅木木雕

黃花梨雕刻之青白玉鑲嵌雲龍座屏。

所製的家具，顏色較深，木質較重，材質較硬，強度高，耐磨耐久，都有自身散發的香味，特別是檀木。

紫檀：別名檗木、牛血樹、青龍木、印度紫檀，是一種相當稀有珍貴的熱帶植物，中國將紫檀列為重點保護植物，紫檀是泛稱花梨木中的一種木材，屬於高貴木材，其材心呈現紅棕色，質地堅硬細密，常用在雕刻藝術品及製造高級家具，表面不需上漆料只需打蠟便呈現光澤，其樹脂、樹膠及木材可作藥用，《本草綱目》：「紫檀鹹寒，血分藥也。故能和營氣而消腫毒，治金瘡。」

紫檀雕刻之雙龍搶珠。

檀香：又名檀樹、真檀、白旃檀，簡稱檀香。檀香源於印度，佛教稱為佛樹，在民俗上檀香木有招財避邪之用，譽為招財之樹，檀香木有香味，可製作家具及木雕工藝品。

檀香也可以製成香枝、香末，提煉香精及藥材，檀木氣味濃烈帶有刺激性，《本草綱目》：「白檀辛溫，氣分藥也。故能理衛氣而調脾肺，利胸膈。」現在印度和印尼皆嚴格控管檀香木的出口，所以市場上的檀香木更顯珍貴，檀香木製作之佛珠、香枝、香末有去邪、去燥、殺菌、提神之功用。

檀香木雕製的觀世音菩薩。

楠木：又名楠樹、楨楠，傳統分類為香楠、金絲楠、水楠三種，其木材堅硬，價格昂貴，《本草綱目》：「楠木生南方，而黔蜀諸山尤多，其樹直上，童童若幢蓋之狀。幹甚端偉，高者十餘丈，巨者數十圍，氣甚芬芳，為樑棟器物皆佳，蓋良材也。楠木多用於造船和宮殿。其近根年深向陽者，結成草木山水之狀，俗稱骰柏楠，宜作器。」

現存最大的楠木殿是明十三陵中長陵棱恩殿，殿內共有巨柱六十根，均由整根金絲楠木製成。金絲楠木所製的家具及木雕可視為中國古典文化瑰寶的代表，如楠木在明式家具中，以其花紋細密瑰麗，精美異常著稱。

肖楠：台灣肖楠屬於柏科，又稱台灣香料，是台灣早期寺廟祭祀用香的材料，現存之台灣肖楠大多已百年以上，皆屬中海拔為多。肖楠邊材淡黃褐色，心材黃褐色，年輪不明，木理通直，肌理細膩且具香氣，

金絲楠雕製的彌勒佛。

台灣肖楠木雕製的蘭花。

是雕刻的好材料，但是素材易裂，雕刻技巧就要多費工夫，才能保持不龜裂，堪稱台灣珍貴樹種之一。

沉香：沉香木植物的樹心部位當受到外傷或真菌感染刺激後，產生了「結香」效果，會大量分泌帶有濃鬱香味的樹脂，古代稱為瓊脂，有這些異化物的木質部分稱為「沉香木」、而皮質部分的稱為「沉香皮」，這些部分因為密度很大，又被稱為「水沉香」。在世界上很多地方，沉香木皆是珍貴的香料，被用作薰香、香料、藥材或木雕精品。

明、清兩代，宮廷皇室都崇尚用此木製成各類文房器物，其濃郁悠遠的獨特香味，在科學發達的今日仍無

加里曼丹沉香騎龍觀音。

法以人工合成複製。《本草綱目》記載：「沉香，氣味辛，微溫，無毒。主治：風水毒腫，去惡氣；主心腹痛，霍亂中惡，邪鬼疰氣，清人神；調中，補五臟，益精壯陽，暖腰膝，止轉筋吐瀉冷氣，破症癖，冷風痲痺，骨節不任，風濕皮膚瘙癢，氣痢；補脾胃，益氣和神。治氣逆喘急，大腸虛閉，小便氣淋，男子精冷。」

樟木：臺灣及福建盛產，台灣出產的樟木材質特別優良，價錢也較高。樟木樹徑較大，材質輕軟，材幅寬，花紋美，心材黃赭色，邊材淡黃赭色，樟木全樹均有著濃烈的香味，可使諸蟲遠避。《本草綱目》中記載：「樟腦出韶州、漳州，狀似龍腦，色白如雪，樟樹脂膏也。」

台灣樟木雕製的黃財神。

樟木是雕刻的大宗材料，中國的樟木箱名揚中外，其中有衣箱、躺箱（朝服箱）、頂箱櫃等諸品種，而台灣三義木雕能聞名於國際，是因三義地區盛產樟木，造就地方產業的發展，更因樟木的關係使三義成為全世界木雕藝術重鎮之一。

紅檜：台灣紅檜與台灣扁柏、松梧不同，紅檜邊材狹小為黃灰色，心材紅黃色至褐色，木肌細緻均勻，弦切面木紋排列整齊美觀，無密鋸齒狀木紋，香氣四散不具辛辣味，紅檜木屑是製造芬多精的好材料，有益人體健康。

紅檜屬柏科，是神佛像雕刻最佳材料之一。中國神佛像因文化悠遠，開發甚早，所以現代神佛像雕刻，多以添加色彩及鑲貼金鉑的技術來處理，材質則以樟木即可。神佛像若要以素面表現材質莊嚴的美感及神韻，台灣紅檜就是最佳的神佛像雕刻的選擇。

台灣紅檜雕製的關公。

紅豆杉：台灣紅豆杉屬紅豆杉科，含紅豆杉醇，經醫學臨床實驗，可治子宮癌症，現已列為國寶級樹種，三義地區已無法由國內購進紅豆杉木，若有紅豆杉作品，均係大陸雲南紅豆居多，其材質不可與台灣相提並論。紅豆杉人稱白標紅心，即黃白色邊材、深紅褐色心材、木理斜走、木肌細緻、富韌性，素材乾後穩定性佳、不易反翹及龜裂，是雕刻頂級材料。

柏木：柏木為有脂材，材質優良，紋理直，結構細，堅韌耐腐，以黃柏為上，其他次之。可供建築、車船、器具等用材，常見於廟宇陵園所使用，古代軍隊多以柏木製作弓箭，柏木有香味可以入藥，柏子可以安神補心，香柏木中的芬多精含量很高，色彩穩重

台灣紅豆杉雕製的三太子爺。

柏木雕製的彌勒佛像。

大方，質地和密度大，耐腐蝕性最佳。

北京大堡台出土的古代王者墓葬內，著名的「黃腸題湊」即為上千根柏木整齊堆疊而成的圍障。柏木瘿瘤較多，早先觀念認為是缺陷，故有些柏木會上漆，以掩飾缺點，近年崇尚自然風氣，柏木家具以瘿瘤多為美，滿身是瘿瘤反而為上品。

銀杏：銀杏木材質優、價格昂貴，素有「銀香木」或「銀木」之稱。其優點是：材質緻密、紋理華美、光潔度高、耐腐性強、硬度適中、不易變形、抗蛀性強、富有彈性。用銀杏木雕刻神佛像，堅硬細膩，指甲雖薄，亦雕刻如真，不損不裂。

銀杏木雕製的合和二仙。

銀杏木除可製作雕刻匾及木魚等工藝品，也可製作成立櫥、書桌等家具。銀杏亦有佛指甲之稱，如開封相國寺千手千眼佛即是用銀杏原木雕做而成，北宋時金鑾殿上皇帝的座椅及元朝大臣手執的朝芴，都是選用是銀杏木製作，寓意千秋不衰。

龍眼木：龍眼，南國異果，乾果即桂圓，龍眼樹，姿態萬狀，材質堅實，木紋細密，色澤柔和，老的龍眼樹幹，特別是根部，虯根疤節，姿態萬端，是木雕良材。

龍眼木雕源於唐宋時期的寺廟建築和神佛像雕刻。明末清初，建築與佛像雕刻開始分離為不同的雕刻體系，為適應民間敬神拜佛的習俗，從大型佛像雕刻轉而發展為室內陳列欣賞藝術品。龍眼木雕的收藏價值在於它以天然逼真取勝，以人物為主，也有鳥獸花果，木材經磨光打蠟，近似紅木，顯得古樸、穩重、大方、精美。

清代龍眼木雕文昌帝君。

中國古代的青銅文化可以上溯到公元前三千年左右，十分鼎盛，其技術卓越，氣魄雄偉，以貴族做為宴享器具和宗廟祭祀禮器為主。青銅器是權力和地位的象徵，也是記事耀功的禮器，它承擔著禮制表徵以及顯赫地位之作用，延續數千年歷朝不衰，一直是國家棟樑之象徵，常被稱為國之重器。中國青銅器種類繁多，造型奇特多變，紋飾優美華麗，銘文生動豐富並且鑄造技術複雜精良，中國青銅文化在世界各地的青銅文化中，堪稱藝術價值最高。

自然界存在著天然的純銅塊（即紅銅），但是紅銅的硬度低，不適於製作生產工具，所以，人們添加了錫的銅即青銅，比純銅的硬度大，青銅在古代稱為吉金，原本的顏色是金黃色，由於長期腐蝕表面會生出一層青綠色的鏽，因而稱為青銅。

商朝晚期青銅器，屬於禮器，祭祀用品，是中國現存商代青銅器中最大的方尊。

中國的先民早就能夠精準的掌握青銅含錫鉛的比例，《周禮・考工記》中明確記載了製作各式不同銅錫合金的比例：「六分其金而錫居一，謂之鐘鼎齊（劑）。五分其金而錫居一，謂之斧斤齊（劑）。四分其金而錫居一，謂之戈戟齊（劑）……。」我國古代青銅器種類繁多，包括：禮器、生產工具、兵器、車馬器和其他用具。其中禮器又包括了食器、酒器、水器和樂器等類別。

饕餮紋的結構一般以鼻樑為中線，兩側做對稱排列，成獸面形象，有大眼、鼻、雙角，通常沒有下唇。

古籍記載表明，我國銅器製作始於黃帝、蚩尤。《呂氏春秋・古樂》：「黃帝又命伶倫與榮將鑄十二鐘以和五音。」《史記・封禪書》：「黃帝作寶鼎三，象天地人。」《管子・五行篇》：「蚩尤受盧山之金，而作五兵。」這表明我國原始社會末期已有銅器出現了。古籍中關於夏器的記載更是屢見不鮮，如《左傳・宣公三年》：「昔夏之方有德也，遠方圖物，貢金九牧，鑄鼎象物。」「桀有昏德，鼎遷於商，載祀六百。商紂暴虐，鼎遷於周。」《史記・孝武本紀》：「禹收九牧之金，鑄九鼎。」

自古以來，相傳銅器有避邪作用，銅器上的饕餮也是避邪的一種紋飾，饕餮一詞見於《呂氏春秋・先識》：「周鼎著饕餮，有首無身，食人未咽害及其身，以言報更也。」商周青銅器所見紋飾千變萬化，有取象於動物的，也有虛構的如龍、鳳一類，亦有真實存在的，如虎、牛、龜、蛇一類，此外，常見的幾何紋飾不勝枚舉。饕餮紋能成為主

第五套人民幣 20 元紙幣正面印有饕餮紋。

流圖騰之一，除了具有禮器祭祀的意義外還有佑福與拔除不祥的雙重願望存在。

饕餮紋自從龍山文化開始，它歷經了夏、商、周、春秋、戰國、秦、漢、唐、宋、元、明、清等各個朝代，直到現在，它一直都被華人地區當作具有「驅鬼避邪」和「化煞鎮宅」

的吉祥化煞物來使用，就連中國現行的第五套人民幣二十元紙幣正面都能見到饕餮紋的神秘蹤跡。

時至今日，雖然銅器已經不是人們日常生活中的必需品，但是在現代雕塑裡，銅雕在裝飾物這一塊所佔的分量越來越重要，許多裝飾藝術品都有用到銅雕，比起古老的商周時代，其裝飾作用大於一切。而銅的特性具有實用性、可塑性、美觀性、可回收性、材質的深層文化等等，使我們不得不承認銅其使用性的廣範，在吉祥避邪文化之中銅器依然佔有一席之地，例如鎮宅化煞的銅鈴、銅龍、銅麒麟、銅葫蘆等等，還有神佛像、吉祥物雕塑以及佛具雕塑，例如銅神佛像、銅香爐、銅鼎、銅鐘、銅浮雕等等。

6、陶瓷

陶瓷是陶器和瓷器的總稱，中國人早在約西元前八千年至二千年（新石器時代）就發明了陶

清朝瓷器花瓶。

器。陶與瓷兩者均由結晶態物質、玻璃態物質和氣泡 三種組分組成，陶與瓷的區別在於原料土的不同以及溫度的不同。通常在製陶的溫度基礎上再加溫，陶就變成瓷了。陶器的燒製溫度在八〇〇—一〇〇〇度，瓷器則是一三〇〇—一四〇〇度的溫度下燒製而成。陶瓷製品的種類繁多，它們之間的化學成分，礦物成分和物理性質以及製造方法，常常互相接近交錯，無明顯的界限，但是在應用上卻有很大的區別。

中國彩陶出現在西元前四千年左右稱為「半坡彩陶」的仰韶文化，其紋飾繪有動物紋、幾何紋、編織紋等。在西元前二千五百年至二千年的龍山文化中，出現了黑陶，到了秦朝的兵馬俑更成為代表性的陶器，其中一大特色就是將陶器描繪動物之主題轉變為塑造人形。在漢朝時陶器的描繪主題因為佛教的傳入而有了佛像的主題，到了唐朝中國出現了

半坡彩陶的狼形紋罐。

白色的陶瓷，同時亦出現了唐三彩，唐三彩成為當時藝術精華的代表。到了宋朝，因為瓷器技術開始成熟，陶器逐漸沒落，值得一提的是明清因飲茶文化而興起的紫砂壺乃至近代的江蘇宜興、廣東石灣的陶器工藝仍然具有非常高藝術的水準。

中國是世界上最大的瓷器生產國，宋代有知名的五大名窯，北宋後中國瓷器製作的工藝技術不斷突破，通過海上運輸將大量瓷器出口至東南亞、南亞乃至歐洲、北非等地。陶瓷成為中國在世界殿堂的主要代表工藝品之一，明代前中國瓷器以素瓷為主，明代以後以彩繪瓷為主要瓷器。

中國經過千年的陶瓷文化發展，陶瓷器與傳統的吉祥文化也融合在一起，發展了很多紋理與紋飾，這些紋理與紋飾的形象都是吉祥文化中的吉祥主題。例如：和合如意圖、金玉滿堂、獨佔鰲頭、蓮花紋、海水紋、嬰戲紋、福祿壽、麒

紫砂壺名為生生不息。

麟送子……等等，主題繁多，不勝枚舉。

陶瓷應用在生活當中十分廣泛，舉凡如餐具、茶具、缸、盆、罐、碗、花瓶、雕塑品、壁畫、工業陶瓷、建築磚瓦、無線電用絕緣子等。但是陶瓷應用在神佛雕塑上當擺設藝術品是相當精美，若是要按奉朝拜者，最好不要使用陶瓷器的材質，因為陶瓷器的原料本為土，而俗語說：「泥菩薩過江，自身難保。」再加上陶瓷神佛其心中空，試問無心的神佛，自身都難保了，有怎能護佑人們安康呢？

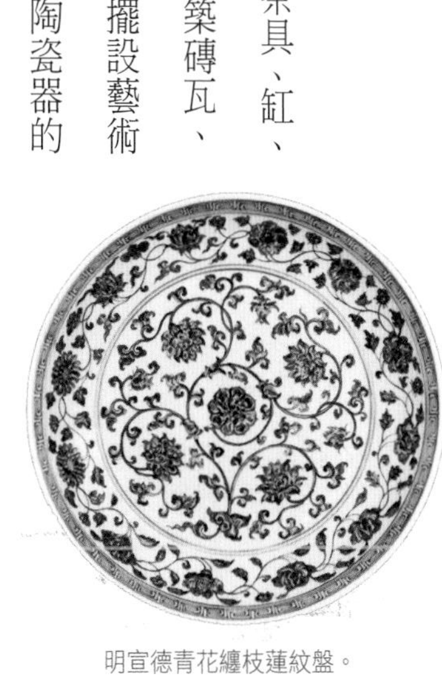
明宣德青花纏枝蓮紋盤。

7、珊瑚

紅珊瑚，又稱貴珊瑚，紅珊瑚的骨骼呈紅色或粉紅色，能長時間保存，天然紅珊瑚是由珊瑚蟲堆積而成，生長極緩慢，不可再生，而紅珊瑚只生長在三大海峽有：臺灣海峽、日本海峽、波羅的海峽等，因為受到海域的限制，所以紅珊瑚極為珍貴，紅珊瑚的相對密

紅珊瑚龍行天下項鍊。

紅珊瑚項鍊。

度為三・八六，摩氏硬度為三・五，基於其柔軟度和透光性，常會用來製作珠寶。

珊瑚與珍珠、琥珀並列為三大有機寶石，自古即被視為富貴祥瑞之物，在東方佛典中亦被列為佛教七寶之一，印度和中國西藏的佛教徒視紅色珊瑚是如來佛的化身，他們把珊瑚做為祭佛的吉祥物，多用來做佛珠，或用於裝飾神像，在密乘佛教裡也是供曼紮的首選。

古埃及和歐洲很早就已經有紅珊瑚寶石的歷史，珊瑚的英文名稱為Coral，來自拉丁語，古羅馬人認為珊瑚具有防止災禍、予人智慧、止血、驅熱的功能，在中國古代紅珊瑚被視為祥瑞之物，代表高貴的權勢，所以又稱為瑞寶，是幸福與永恆的象徵，清朝二品官上朝穿戴的帽頂及朝珠是由貴重紅珊瑚製成，印第安人認為珊瑚為大地之母，日本人也視紅珊瑚為其國粹，從古至今紅珊瑚始終具有及特殊的地位。

俗話說：「千年珊瑚萬年紅。」是珠寶中唯一有生命的千年靈物，光澤豔麗、溫潤可人、晶瑩剔透、千嬌百媚，珊瑚有自然斜橫紋理，每一件珊瑚都不相同。紅珊瑚不僅具備收藏價值、觀賞價值，還具備保健功能，《本草綱目》記載珊瑚有：「去翳明目，安神鎮驚。用於目生翳障，驚癇。」等功效。

紅珊瑚魚躍龍門項鍊。

貳、陽宅開運化煞

實戰篇

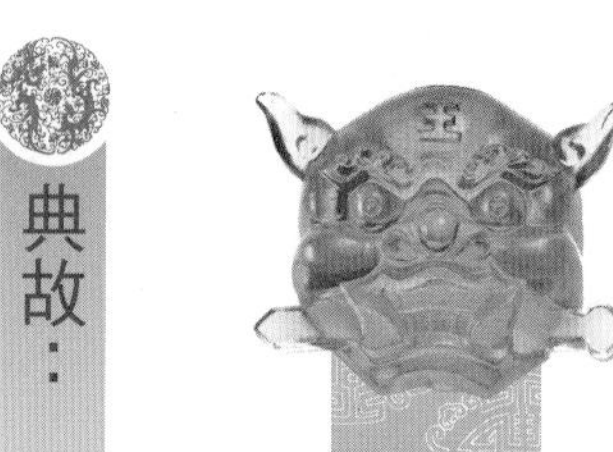

1、先天八卦牌

典故：

「牆門辟物」是古代在房屋造成後，必造圍牆於四周環繞住宅，形成基本的防禦作用，牆上開門以便出入，稱為牆門，中隔著天井與正廳相通，故牆門的位置非常重要，在台南和金門的古宅，牆門上都會安瓦製的「八卦圖」嚴防鬼魅入侵。

《易經・繫辭》有言：「古者包犧氏之王天下也，仰則觀象於天，俯則觀法於地，觀鳥獸之文，與地之宜，近取諸身，遠取諸物，於是始作八卦，以通神明之德，以類萬物之情。」

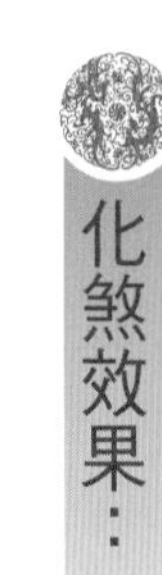

化煞效果：

1、八卦牌是利用八卦所代表的八種宇宙元素與自然的力量來化解煞氣，通常八卦牌的表面會刻有太極與八卦圖案的等邊八角形木牌，傳統上會將八卦牌安置於大廳的門楣上，做為鎮宅化煞之用。

2、陽宅風水若發生路沖、柱沖、宅沖等沖射的煞忌時或住宅被大樹或電線桿相交對沖，通常都會以安置八卦牌做為化煞方法，進而達成闔家平安，居家和樂的作用。

化煞方式：

電線桿對沖住宅易發生意外災厄

凡是住宅被大樹或電線桿相交對沖著的話易使子孫怯弱或發生意外災厄。

1、最好將大樹或電線桿移往他處，也可以種植一排植栽來檔煞氣。

2、在屋宅被對沖之處擇一吉時良辰，安置經開光加持之先天八卦牌來化解煞氣。

3、可以放置萬靈化煞千層斬刀鏡來化解。

2、八卦獅咬劍

典故：

八卦獅咬劍為「多重防衛」之作用，集合了八卦、七星劍、祥獅、符令於一體，可祈福避邪之作用，自古以來獅子都是吉祥的神獸，更是萬獸之王，獅子可擋住門前強大的煞氣，獅子嘴裡銜著七星劍，相傳七星劍與天師印是道教始祖張天師家傳的兩件寶物，具有除妖斬魔、驅邪除惡等強大法力，八卦牌是利用八卦所代表的八種宇宙元素與自然的力量來化解煞氣，八卦可以通神明之德，類萬物之情。

化煞效果：

1、八卦獅咬劍，具有化解口舌是非及旺財的功能，就像風獅爺有押煞及化解風煞與鎮宅保平安的功能，能化解飛簷煞、壁刀煞、鋸齒煞、弓箭煞、鎮宅化煞、陰煞、路箭、橋箭、山箭。

2、八卦獅咬劍除了有化煞的功能之外，還有助人趨吉避凶防小人退陰煞，又可以增強您的氣勢和能量及招財納福的靈動力。

3、除此之外，八卦獅咬劍還可以加強官威或屋主之陽氣，並增添了室內之神聖、吉祥兼而美化您的辦公環境，真是一舉數得。

化煞方式：

飛簷煞沖射易有血光之災

屋宅四周圍可見廟宇的飛簷沖射，家宅成員需防血光之災、開刀、意外災禍、陰症。

1、放置3D立體山海鎮或八卦獅咬劍，但需對準飛簷沖射之處。

2、置一萬靈化煞千層斬刀鏡，以斬斷飛簷於無形當中。

3、可以懸掛八仙綵及福祿壽三星。

4、擺放五行五靈圖，以麒麟為五靈獸之中而臨制四方來化解飛簷煞。

3、一善牌

典故：

俗語：「一善破九煞，一善消百惡」，通常富貴人家已無需祈求財富，僅希望以行善來鎮煞，添福增壽，這是一善牌的立意。

《青稗類鈔》有：「某家有門，適對鄰樹。術者謂為不祥，議伐之，而鄰人不允。有教以用紅柬書『一善』二字，冬至日於門上對樹貼之者，謂樹可自此而萎也。」因此「一善」二字才流傳為避邪的厭勝符號。

化煞效果：

一善牌與泰山石敢當、姜太公在此之刻石，有著相似的形式和功用，可以護宅化煞、避邪除陰的作用，還可以化解半邊屋、鄰樹沖射大門等煞氣。

化煞方式：

半邊屋易導致家運落敗

1、半邊屋可以照魯班經上所言，安上「一善」後，能保家宅平安。

2、《魯班經》載曰：「擇四月初八日，用佛馬淨水化紙畢，辰時釘釘時，需要人看待旁人有視此者藉其言曰一善，能消百惡，若旁人不說則先使親友來說，釘此一善須要現眼處。」

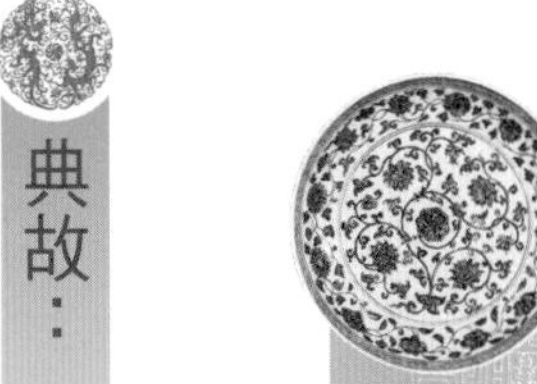

4、山海鎮

典故：

「山海鎮」是台灣各地及新馬、大陸沿海等地區，常見門楣上的一種制煞物。

有一傳說是緣起自薛丁山與樊梨花鬥法的傳說，話說兩人有一次兩人在戰場上對峙鬥法時，原本屈居下風的樊梨花，突然使用山海鎮，發生移山倒海的神效，進而擊敗了薛丁山，因此民間就使用山海鎮來化煞鎮宅，在典籍中較明確的記載始於《繪圖魯班經》的記載：「山海鎮如不畫者只寫山海鎮，如可畫之猶佳，凡有巷道、門路、橋

庭峰、土推、鎗柱、船埠、豆篷柱，等項通用。」

按置「山海鎮」可以避制無形之煞氣及沖害，主要是藉助「山海鎮」內的山、海及太極、八卦、日、月星體及道家所傳靈驗之鎮宅平安、招財納寶、百無禁忌、制煞之符令，來鎮住門前對風水不利而且是有害的沖煞物。

化煞效果：

山海鎮可以鎮宅壓煞、驅邪招財能夠化解割腳煞、牽牛煞、大門對鄰居大門、天斬煞（風斬煞）、剪刀煞、飛簷煞、壁刀煞、凹風煞、鋸齒煞、沖天煞、路沖、反弓煞、天橋口沖射等形煞沖害時，皆可按置「山海鎮」來鎮宅化煞。

化煞方式：

天橋口沖射輕則破財重則有倒閉危機

天橋口直沖商家或者對商家呈現出反弓的情形時是非常不好的，如果遇上這兩種情形輕則破財，嚴重則公司會結束營業。

1、放置3D立體山海鎮或石敢當化解。

2、栽植一排植物盆景用以化解煞氣。

5、石獅子

典故：

獅子在風水上的作用很大，中國人的眼中，也視為靈獸，舉凡官府、衙門、寺廟、宮殿外，兩旁便放了一對大石獅子，象徵威嚴不可侵犯，有安定四方之意，並帶來避邪降福以及事事（獅獅之諧音）如意的作用。

擺放獅子可以提升事業運及助旺財運，使人生意興隆，財運自然就享通。左邊的獅子代表「太師」，這是廷中的最高官階，連皇親國戚都要禮讓三分；右邊的獅子代表「少保」是保護王子的年輕侍衛。由於太師和少

保在朝廷中具有很大的勢力，所以被看作高官的代表，人們就以獅子來祝人官運亨通、飛黃騰達，俗話說：「厝內擺獅，賺錢無人知。」

化煞效果：

1、青斗石雕的石獅可制陰煞、陰陽調和、吉祥威嚴、安定四方避邪降福。

2、獅子可擋住門前強大的煞氣，但必須一雌一雄，彼此回顧對方，稱為「好面相看」，如僅安放一隻會落得孤寂不安。所有的吉祥物獅頭皆必須頭朝向屋外，如果獅頭朝向屋內，會使屋宅帶來凶煞，因為回頭獅會咬到自己，青斗石雕的石獅子最具有靈動力。

化煞方式：

官門煞易造成家運不順

住家面對軍營、警局、監獄、政府機構等一般充滿肅殺之氣，如果住宅面對或與這些

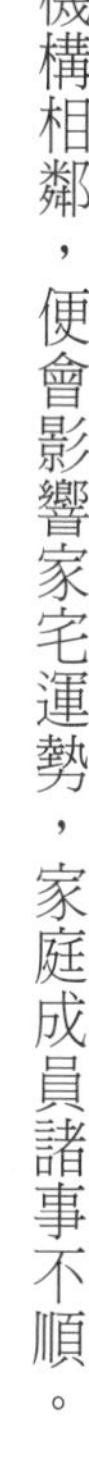

機構相鄰，便會影響家宅運勢，家庭成員諸事不順。

1、於陽臺或窗口按置一對石獅子，並將獅頭朝向窗外以化解煞氣。

6、風獅爺

典故：

風獅爺為金門的特色之一，又稱為「風獅」、「石獅爺」、「石獅公」，獅子自古以來被中國人視為能避邪招福的神獸，還以獅子為百獸之王，其威猛可嚇阻四面八方的邪魔妖怪，而風獅爺最主要是剋制風害的邪魔，因此才稱之為「風獅」。

漢時已將風師、風伯、箕星、飛廉視為同一物，是指有司風能力的風神。獅子傳入我國時，本採用原有的「師」字為名，稱作「師子」，因為是獸，所以後來搶犬部首作「獅」，才改稱為「獅子」，師與獅之讀音相同，因此將風神「風伯」的形體想像成獅形，而成為「風獅」。

化煞效果：

1、金門的風獅爺用來鎮風止煞，祈祥求福，金門人視之為村落的守護神，矗立於村落旁，飽受風吹雨打的洗禮，構成金門獨特的文化景觀。

2、風獅爺能鎮壓厲鬼，防止妖魔作祟，還能鎮水箭防止水鬼作祟，保住錢財不被水患帶走。

化煞方式：

迴風反氣易漏財又傷丁

如前後左右鄰近皆有高樓大廈，可以護衛蓄氣論之，但如之一方有高樓大廈，則氣於其方被障阻而反旋沖向我宅來，此謂之「迴風反氣」，自高及下，吉凶愈速。

1、可以安置風獅爺面對反旋沖向我宅的位置來鎮風止煞。

2、也可以安置3D立體山海鎮及一對九頭靈獅來化解煞氣，因為虎從風而九頭靈獅及風獅爺皆為大型貓科動物，故可制風煞。

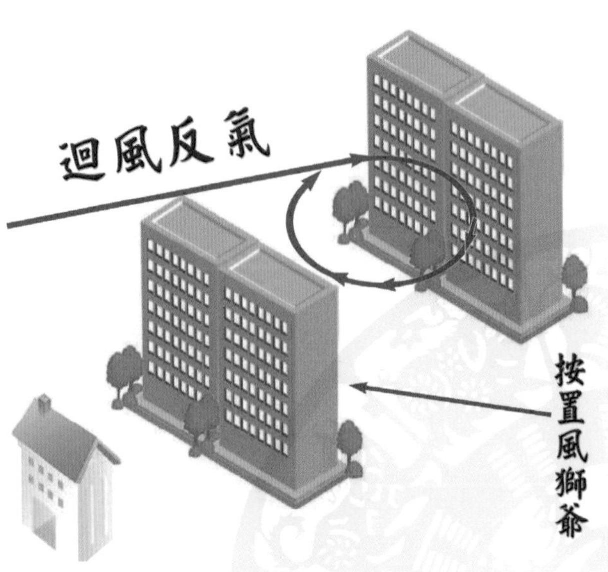

7、九頭靈獅

典故：

獅子是萬獸之王，雖然牠很兇惡，但在兇惡之餘，更有一份王者臣服威鎮天下的感覺及不可侵犯的氣勢，因此我們中國人在傳統的社會裡及生活習俗上的風水學，便把獅子列為吉祥的珍瑞之獸，牠有化煞的功能及有助人趨吉避凶與壓煞生財的靈動力，所以在國人的傳統社會裡及生活的風俗習慣上，都會在官府、衙門及寺廟的門外兩旁，放一對大石獅，代表著陰陽調和，並象徵著吉祥威嚴，不可侵犯的至高境界，以及壓煞制惡的化煞功能。

九頭靈獅是為獅王之王，在道教經典道藏中記載

「九頭靈獅」或稱「九頭獅吼」為太乙尋聲救苦天尊之座騎，隨侍天尊左右，口吐火燄發出萬丈毫光，而太乙天尊為東方木光，紫氣之神，故為紫氣東來，另一傳說為三太子李哪吒大鬧龍宮犯了過錯，哪吒為了彌補過錯，削骨肉還父母後，使哪吒的魂魄四處飄蕩無所歸依，此時哪吒的師尊太乙救苦天尊為保全哪吒之性命，以蓮花化生之大法重新賦予哪吒生命，而在哪吒蓮花化生之時其生命最為脆弱，傳說即由「九頭靈獅」加以保護。

化煞效果：

1、九頭靈獅可壓煞制惡，將煞氣轉化為權勢的靈動力，再將權勢的靈動力化為本身之所用，來助本人生旺，生生不息的產生造福生福之靈動力。

2、九頭靈獅擁有九個獅頭，按照九宮八卦而太極居中，八卦分佈八方之原理遍佈九頭，九頭靈獅，雙目圓睜，口吐三昧真火，能壓退一切凶惡之煞，化解一切不正之邪，除去所有陰穢不潔之氣，以及煉化一切凶神惡鬼使之化為灰塵，除此之外更可將祥瑞之氣引進家宅，長保宅安人慶，九頭靈獅面向三煞方、或五黃位，它就可發揮押煞制惡的功能，化解流年九宮太歲及壓制五黃煞，使您一切平安吉祥。

4、九頭靈獅能夠帶來祥瑞之氣，亦可加強官威或屋主之陽氣。

5、九頭靈獅能夠增添神聖吉祥，是為剛柔並濟、日月和照、威武、果決、明斷、智慧、專心的象徵。

化煞方式：

陽宅風斬煞需防血光疾病和官符是非

從您的屋宅向屋外看，看見對面有兩座大廈靠得很近，令兩座大廈的中間出現一道相當狹窄的隙縫，這隙縫像一把無形的刀，劈向屋宅，在風水學上，稱為天斬煞或風斬煞。凡犯天斬煞，會容易遭受血光之災（車禍、開刀）、官非、事業失敗、疾病及口角紛爭，易使家人財帛損耗。

1、在兩棟建築物中間的隙縫以為遮檔使之無空隙則可化解。

2、放置3D立體山海鎮或放一對琉璃精製之九頭靈獅或石敢當或風獅爺，因虎從風而九頭靈獅或風獅爺與老虎皆為大型貓科動物，故可以制風斬煞。

3、在面對風斬煞的屋前設置一水池或大型滾滾財源及石敢當和九頭靈獅可化解，因風界水則止，這是陽宅風水的無上心法，需配合玄空大卦及奇門天星擇日法。

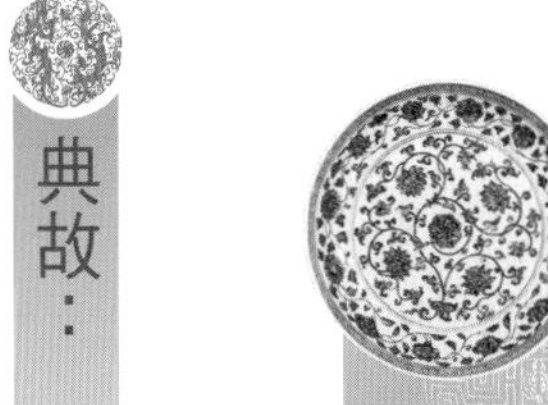

8、小桃木六帝古錢獅咬劍風鈴

典故：

獅是吉祥瑞獸的一種，為百獸之王，威嚴而勇武，勇不可擋，威震四方，君臨天下之氣勢，不但可以避邪，且可帶來祥瑞之氣，能解除多種形煞，亦加強官威或屋主之陽氣，象徵著鎮邪、驅魔、迎福、納喜，六帝古錢讓人六神有主而有向心力，風鈴可化解暴戾之氣為喜悅的聲音。

小桃木六帝古錢獅咬劍風鈴，具有化解口舌是非及旺財的功能，就像金門的風獅爺有押煞及化解風煞與鎮宅保平安的功能一樣，這是眾所皆知的。

化煞效果：

小桃木六帝古錢獅咬劍風鈴可以化解廉貞煞、牽牛煞、房門對房門、拱門煞氣、房門對廁所門、房門對廚房門、神堂與浴廁門沖射等屋宅煞氣。

化煞方式：

房門對房門口舌是非多

房門對房門主口舌是非，容易造成屋內人員多是非。

1、房門對房門可以用小桃木六帝古錢獅咬劍風鈴，吊掛在兩邊的房門上來化解煞氣。

2、小桃木六帝古錢獅咬劍風鈴要經有法力高深的法師請神、加持、開光及玉宸齋特製的中藥淨香末來淨旺，以加強它的靈動力，讓它效應更神速。

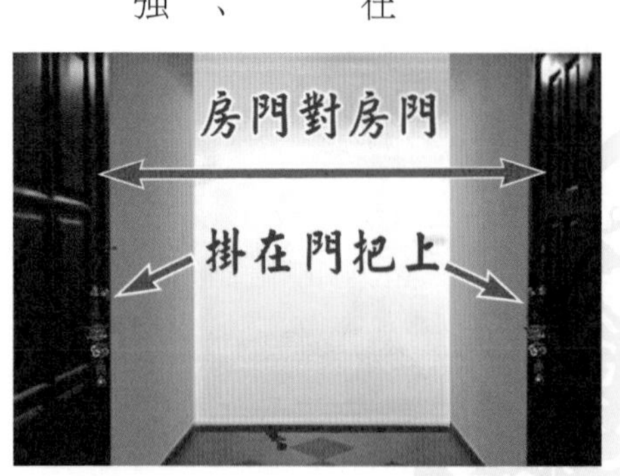

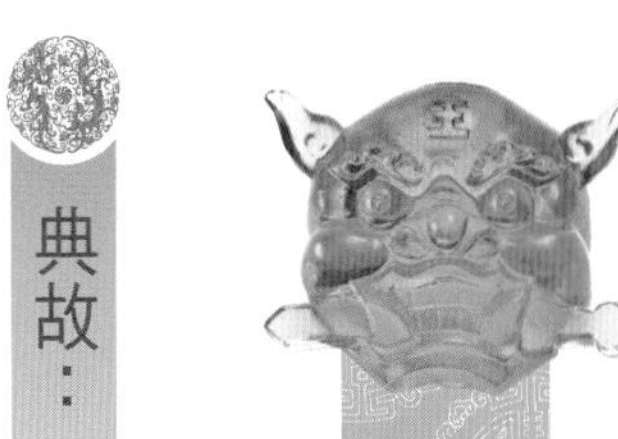

9、辟邪貔貅

典故：

貔貅又名天祿、辟邪，是中國古代神話傳說中的一種神獸，龍頭、馬身、麟腳，形狀似獅子，毛色灰白，會飛。貔貅兇猛威武，喜吸食魔怪的精血，並轉化為財富，牠在天上負責巡視工作，阻止妖魔鬼怪、瘟疫疾病擾亂天庭；也有一種說法它是龍的第九個兒子；還有一種說法認為，貔貅在古代有兩種，分別是單角貔貅和雙角貔貅，有人說單、雙角區別公（為貔）母（為貅），還有人說是區別善惡，總之是有單、雙角貔貅的區別。

貔貅和龍、麒麟一樣皆是傳說中之神獸，在古代文獻中

記載貔貅曾幫助黃帝打敗蚩尤，又在《封神榜》中也看到過貔貅的出現，古時候人們也常用貔貅來做為軍隊的稱呼。另有一說貔貅只以四面八方之財為食，吞萬物而神通特異。

道教《請神寶誥》文中，謂有一神祇名諱為先天轄落靈官王天君，在上天除負有雷神之職，更統有百萬貔貅神將負責天上巡視工作，類似人間糾察工作，飛騰雲霧，號令雷霆，降雨開晴，穿山破石捉妖精，收瘟攝毒伏群魔，防備妖魔鬼怪、瘟疫、鬼魅擾亂天庭。

化煞效果：

1、貔貅神獸最大的功能不是旺財而是辟邪。用貔貅來鎮宅擋煞其威力是無庸置疑的。貔貅在風水上最擅化解五黃煞、天斬煞、穿心煞、鐮刀煞、屋角煞、刀煞、白虎煞、二黑病符星、陰氣煞（如墳場、廟宇、鬧鬼地方）、預防六畜瘟疫、流年煞方。

2、相傳「貔貅」喜愛金銀財寶的味道，常咬回金銀財寶來討主人的歡心，因而「貔貅神獸」另有旺財的功用，但若錢財只入不出，猶如人之食物只入而不出，那要

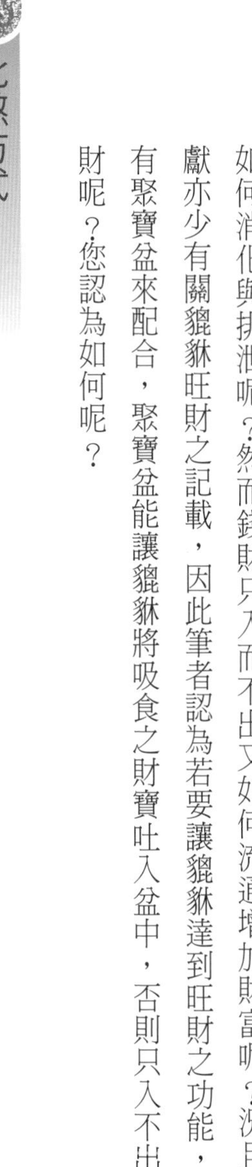

如何消化與排泄呢？然而錢財只入而不出又如何流通增加財富呢？況且古時文獻亦少有關貔貅旺財之記載，因此筆者認為若要讓貔貅達到旺財之功能，必須要有聚寶盆來配合，聚寶盆能讓貔貅將吸食之財寶吐入盆中，否則只入不出哪能旺財呢？您認為如何呢？

化煞方式：

住宅面對空屋易引陰森之氣入襲

住宅面對空屋，建築物的半成品，有如面對黑洞，容易引陰氣入襲。

1、空屋冷冷清清，可置辟邪貔貅以面對之，可增加陽氣，使陰邪不侵，當我們在外若沖煞到或卡到陰，回到家入門，附身陰煞見到貔貅神獸會立即逃之夭夭。

2、可按奉八仙綵來面對空屋，以化解空屋之蕭條陰森之氣。

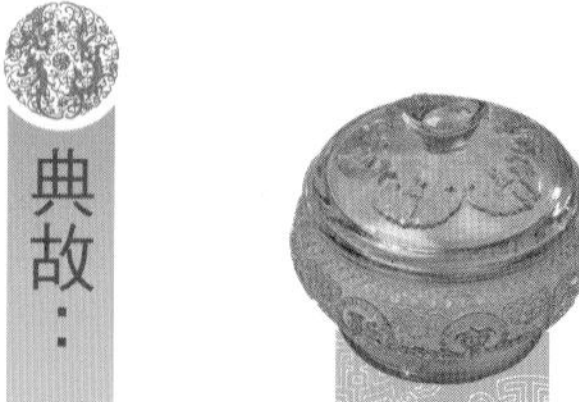

10、厭勝錢

典故：

厭勝錢也叫做壓勝錢，起源於西漢至清末民初都有厭勝錢的鑄造，厭勝錢實際上就是人們根據厭勝法的意義為避邪祈福而發展出來的一種吉祥飾物，可供佩帶賞玩，還能厭服鬼妖，求取吉祥如意。

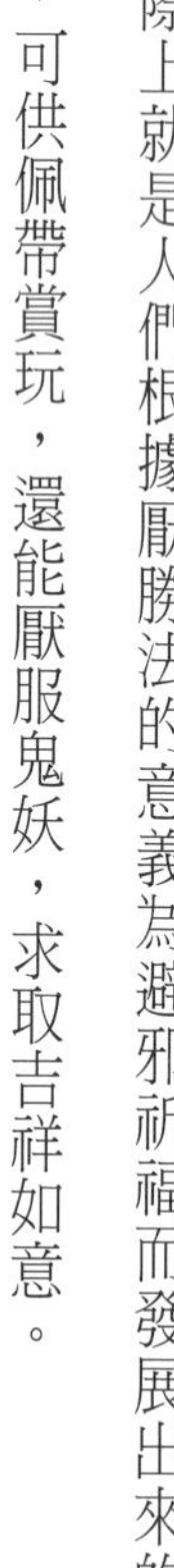

化煞效果：

厭勝錢主要是壓邪攘災和喜慶祈福兩大類。到了近代，厭勝錢所指的範圍越來越廣，諸如開爐、鎮庫、饋贈、賞賜、祝福、避災、占卜、玩賞、配飾、生肖開運等等，都可以

鑄厭勝錢來開運化煞。

化煞方式：

屋上的金錢輪有如財源滾滾而來

1、過去的銅錢中間有一個方孔，與外廓相對照，叫做「天圓地方」，吉祥圖也經常出現，如搖錢樹上掛滿了一串串的銅錢，占卜也是用有孔的銅錢。

2、山牆上裝飾金錢輪代表凡是財神所到之處都有銅錢，可以增添招財進寶的吉慶氣氛，而的外框加上輪子，則代表「財源滾滾」而來的意思，也是好的吉兆。

11、六帝錢

典故：

六帝錢有代表皇帝的威嚴與權勢，所具有的陽剛之氣可以化解陰邪，以及不正混雜之氣場，像住家靠近監獄、墳場等地方，或者是住家內部成品字形的門，或門及門相對，氣場不佳，容易有口舌之爭，六帝錢即可化解。就五行來看，六屬金，金可以泄土，所以六帝錢除可以化解一般門煞外，還兼具可以化解「二黑」及「五黃」煞星所帶來之煞氣，而且六帝之名諱如皇帝之號召向心力，使之六神有主而君威臨制六方（上下、左右、前後）。

化煞效果：

六帝錢可以化解陰邪，以及不正混雜之氣場，在理氣方面所犯的煞，使用六帝錢也能化解，如房間之小門或大門犯流年流月的二黑、五黃煞，必主疾病，安置六帝錢便可以趨吉避凶。

化煞方式：

拱門煞氣導致財運不興裡外不和

家中有拱門或拱窗，主退運，屋內人員容易財運不興、裡外不和、人事不和諧，凡事眼高手低、目空一切、驕傲待人。

1、應請木工修平，或暫於拱門或拱窗背後二邊各掛一串六帝古錢化解煞氣。

2、可按放神龍大龜在拱門之兩旁。

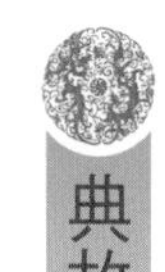

12、龍銀元

典故：

龍銀可以聚財、生財、旺財、借運、催貴、旺商，龍銀是清代時期所鑄造的錢幣，是龍形圖案的法定流通銀幣。龍在中國人眼中是吉祥而尊貴，而龍銀元上有龍紋及皇帝諱尊號，主要是由於龍具有尊貴的性質，所以龍可以招來貴人，當一個人感到缺乏助力時，便可利用龍來求取改運，為事業及人生際遇挽回頹勢，當您遇到困難挫折時，能得到貴人鼎力相助，可以得到事半功倍之效的靈動力。

開運效果：

龍銀可以帶來聚財、生財、旺財、借運、催貴、旺商、旺宅、改善居家磁場之無形靈動力。

開運方式：

龍銀元為發財生財之錢母

1、龍銀元發財錢母是依古龍銀元為主體，再配合發財錢母象徵錢滾錢如錢母生錢子，如金雞母生金雞蛋，再加上財神爺的護佑，可招財源廣進，財富源源不絕，生生不息，招財納福引貴之靈動力。

2、龍銀元發財錢母需經法力高深的法師請神、加持、開光過，再使用符令及玉宸齋特製的中藥淨香末來淨旺，以加強它的靈動力，讓它效應更神速。

龍銀元為發財生財錢母

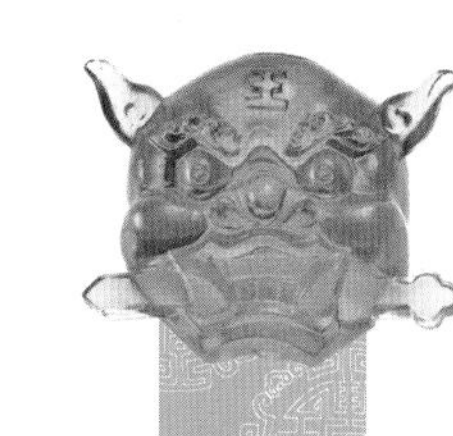

13、七星打劫二十四方位旺財古帝王錢風鈴

典故：

天上有北斗七星是為漩渦星雲，根據天文學家所論，旋渦星雲之星球其磁力場最強，而北斗七星永遠在地球的上方，故北斗七星之磁力場，將影響地球上有生命體的生機強弱旺衰之迴圈週期，故而有北斗七星註死，南斗六星註生之說。

古代的堪輿學家，就藉由風水地理的尋龍點穴秘法，把天上之天星的星光照臨點找尋出來，以讓地理風水上以及萬物之生、旺、衰、病、死、絕之階段性的迴圈週期，能夠轉

弱為強，轉衰為旺，或永遠保持更長、更久的興旺的階段期。

七星打劫就是劫奪或藉取天上星光照臨處之好的磁力場，用玄空飛星之法，讓好的風水地理永保興旺而不衰退，或延長興旺期，而七星打劫二十四方位旺財古帝王錢風鈴，乃是應用地理風水之七星打劫秘法，配合古代的廿四個純古帝王錢之靈氣並以七個風鈴，經過法師之開光點眼、加持、唸咒、請神，以藉吊天上之星光的照臨。

開運化煞效果：

七星打劫二十四方位旺財古帝王錢風鈴可以改變您居家之不好、不良的氣場，使之由弱轉強，由衰轉旺，讓您居家環境的磁力場或所有的氣機能夠生旺而生生不息，使您財源廣進，事業興隆，宅居之人口皆能闔家興旺平安。

七星打劫催旺財氣法

1、將七星打劫二十四方位旺財古帝王錢風鈴放在屋宅中央之處，可以催旺財氣，使正財興旺。

2、必須經過法師之開光、點眼、加持、唸咒、請神，以藉吊天上之星光的照臨。

14、山牆上的瓦鎮

典故：

中國傳統建築的山牆頂端上都會設置一個鎮宅的裝飾物，大致可區分為燕尾、馬背與瓦鎮。燕尾通常用於廟宇或官宦大戶人家，馬背與瓦鎮則是一般平民的屋宅所使用，瓦鎮是一個小小圖案的立體物，擺在曲脊上，瓦鎮有制煞方的功用，瓦是壓瓦，鎮是鎮邪，與日式屋頂的鬼瓦有異曲同工之妙，讓「凶」、「煞」見到便害怕逃走。

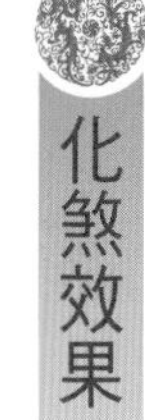

化煞效果：

傳統習俗上瓦鎮具有解厄制化之功可剋屋宅周遭煞方的凶神惡煞。

化煞方式：

煞方惡煞導致家宅不寧

1、如將瓦鎮朝北方，則可剋來自北方的凶神惡煞，朝西北則可制西北方之凶。

2、傳統建築之瓦鎮能鎮邪驅煞，讓凶煞無法入宅。

15、五脊六獸

典故：

中國傳統的大型建築，如宮殿、廟宇、府邸其屋頂上有脊五條，四角各有六獸踞蹲，正脊兩端有龍吻，又叫吞獸，統稱「五脊六獸」。這些鎮脊之神獸具有祁吉祥、裝飾之美、保護建築的三重功能。古代平民百姓的屋宅是不能安放這些五脊六獸的，只有功臣的宅邸經皇帝特許批准後才可安放，這稱為「儀脊」，以表彰殊榮。

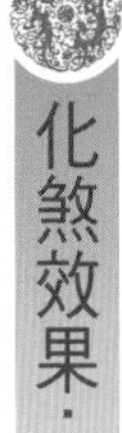

化煞效果：

古建築為木結構，以獸鎮脊能夠避火消災，這些位於屋頂的神獸個個面猙獰，凶猛威嚴，以達避邪鎮物之使命，而五個蹲獸分別為狻猊、斗牛、獬豸、鳳、押魚。

化煞方式：

五脊六獸避火消災

1、廟宇、牌樓若以神獸鎮脊能夠避火消災。

2、廟宇、牌樓落成開幕必須先要擇日，再備好三牲酒禮、水果和上等中藥精製香料（如玉宸齋神香），再經法師的請神及開光點眼加持等宗教儀式，就可以發揮其避邪除陰、避火消災的作用。

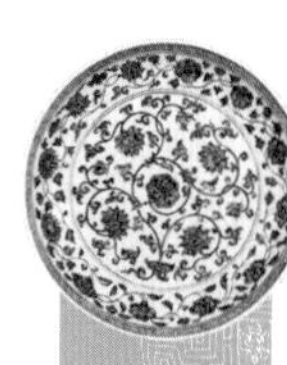

16、澎湖三仙塔

典故：

澎湖西嶼鄉外垵聚落，左右有山，東西對望，地形宛如畚箕之形，據說當地漁業興盛但是許多討海的男性多遭受不測，壽命較村裡的女性為短，一般村民都認為是風水中龍虎砂失衡所惹的禍，嗣經溫府王爺指示在外垵村東、西側山頂，各建三仙塔來化煞納吉，三仙塔有如福祿壽三星居高臨下，遙望村莊，鎮護碼頭，保佑村民男女齊壽，白頭偕老。

化煞效果：

這二座三仙塔除了有傳統石敢當鎮風止煞的功能外，最主要是要化解村莊容易損丁的風水地理，進而添丁進財的化煞添福之功用，演變至今有許多想要添子添丁的遊客也會到此拜拜，祈求添丁旺財，夫妻白頭偕老。

化煞方式：

三仙塔保佑村民男女齊壽白頭偕老

1、本圖為西塔的正塔中嵌入的符咒石碑，刻有「玉皇大帝勅令溫府王爺添丁進財鎮煞，合境平安」之符令，而東三仙塔上的石碑符令上則寫「玉皇大帝勅令五府千歲合境平安鎮煞」。

2、三仙塔還有福祿壽三星護佑之意涵。

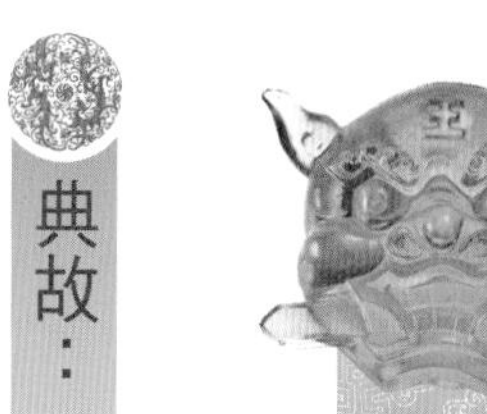

17、福祿壽三仙

典故：

民間常將福祿壽三仙一併奉祀，三星典型的形象為福星執如意居中；右為祿星，作員外打扮，懷抱嬰孩；壽星在左，廣額白鬚，捧桃執杖。福祿壽三仙也稱福祿壽三星或財子壽三仙，其中的福神意涵天官賜福，代表福氣、祿神意涵加官進祿，代表官祿，而壽神也象徵長生，代表長壽。

化煞效果：

1、擺放琉璃福祿壽三仙對求取功名利祿、升官發財以及

求取富貴福吉，身體健康福壽綿延有著非常顯著的功效。

2、擺放琉璃福祿壽三仙可以化解藥罐煞、棺材煞、陰煞、空屋陰森之氣等屋宅煞氣。

化煞方式：

陰煞讓您衰運連連暗疾纏身

選擇住宅近墳場、殯儀館、醫院等陰煞之地，犯之主宅內人多暗病、運氣差、常作惡夢。

1、若是來自外界的陰煞，在家中安放福祿壽三仙，可以化其凶氣。

2、可按放九頭靈獅一對，用以化解陰煞。

18、符咒碑‧化煞春聯

典故：

符咒碑早在中國唐朝就被人們用來「鎮百鬼、壓災殃」與人民生活息息相關，例如澎湖的村落中，常有許多避邪、鎮煞的符咒碑，因為澎湖風急沙大，居民立符咒碑來鎮煞趨吉避凶。在傳統的民俗觀念中，認為風災、瘟災、水災等災害，都是因為有厲鬼在作祟，要制伏厲鬼，就需藉用守護神的力量，一般人會以道法加以驅邪鎮煞，豎立符咒碑就是其中一種方式。

化煞效果：

符咒碑是鎮壓凶地之物，凡巷陌、地沼、三叉路口、橋頭、沿海、山區、凶宅等地，人們皆以符咒碑或石敢當做為避邪、壓風、平浪、制煞之用。

發財開運鎮宅押煞春聯迎春開運護佑平安

1、發財開運鎮宅押煞春聯傳承了宜春帖、桃符、延祥詩、符咒碑的文化傳統，不但能夠迎春納福、吉祥如意，表現出新年的喜慶及祝福的意義，還能發揮出如桃符般的壓邪祛鬼、驅魔鎮宅的靈動力。

2、發財開運鎮宅押煞春聯由張清淵大師親自書符，其靈符能招貴人扶助、發財開運、納福鎮宅、八節有慶、押退五方十路兇神惡煞，祈福您在新的一年之中能事事順心、平安如意、大發利市。

正面

背面

19、竹符

典故：

所謂「竹符」是直接畫符在竹子上，由於竹符乃承上天封准而立，故其作用有點神兵、馭天將的權力，以此權力可增添上天護法及巡狩的效力，發揮抵制惡煞、剋制天災地變。竹符早在漢朝就被使用，《後漢書．百官志三》記載：「尚符璽郎中四人。本注曰：舊二人在中，主璽及虎符、竹符之半者。」

竹符也是五營信仰的共同構造，台灣民間常見的「五營」，是指設在村落或廟宇五個方位的兵營，每營旗色係按五行而來，主要是為了防範邪、煞進入聚落來侵擾居民。鎮五方是由宮廟神明巡視聚落各防衛點，並藉著更換神聖物來維持防衛點的神聖力量。

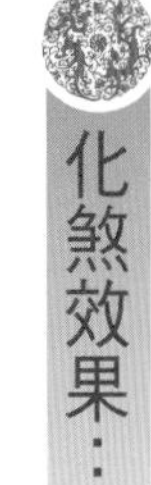

化煞效果：

五營將軍的竹符主要是鎮守家宅或村莊平安、防六畜瘟疫、驅疫禳災、制沖鎮煞、保佑各境平安。

化煞方式：

竹符防止六畜瘟疫禳災鎮煞

1、五營將軍的竹符，通常為三根或五根，上面書寫「○勒令○方○元帥安鎮」，頂端再以紅布或金紙包紮，其符令是當地，土神令天兵天將來安置，並可指揮調度營頭的兵馬，其賦有化煞的靈動力，須由法師在其上畫上符文，並舉行「勅符」儀式，使其具有「千軍萬馬」的神力。

2、每組符包含有磚符、石塊符、竹符、鐵符、水符等，安置在一定的方位，其位置為東、西、南、北及宗祠後正中央等五個軍營之位置。

20、泰山石敢當

典故：

有關於泰山石敢當的由來也是眾說紛紜，有人說是一塊石頭的故事，也有的說法是姓石名敢當的故事，還有一種說法是姜太公就是石敢當。傳說姜太公封神時，封到最後不知道是因公忘私，還是忙得糊塗了，竟然忘記了自己的姓名，最後只好自封自己為泰山石敢當。

石敢當的文字記載於西漢史游的《急就章》：「師猛虎，石敢當，所不侵，龍未央。」元代陶宗儀《南村輟耕錄》中記載：「今人家正門適當巷陌橋道之沖，則立一小石將軍，或植一小石碑，鐫其上曰石敢當，以厭禳之。」

石敢當之驅邪思想，起源於中國道教思想，而中國東嶽泰山雄偉富有神氣，被認為有法力無邊的山神，其可鎮押任何厲鬼終無力抵抗，永不得逃逸，這樣的結合更增添了石敢當的靈氣。

化煞效果：

1、石敢當主要功能為驅邪押煞，可鎮百鬼壓災殃。

2、凡巷陌橋道直沖人家住宅、風斬煞、剪刀煞、凹風煞等煞氣皆可用石敢當來化解。

化煞方式：

巷道沖煞易造成破財傷身的危機

1、《魯班經》所記：「凡鑿石敢當須擇冬至後甲辰、丙辰、戊辰、庚辰、壬辰、甲寅、丙寅、戊寅、庚寅、壬寅此十日乃龍虎日，用之吉，除夕夜用生肉三片祭之，新正寅時立於門首，莫與外人見，凡有巷道來沖者，用此石敢當。」

2、栽植一排植物盆景以化解煞氣。

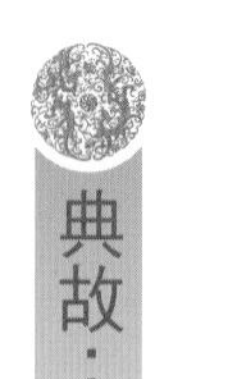

21、刀劍屏及刀劍門

典故：

「刀劍屏」為方形木屏風，上方插有兵器，通常使用的兵器有刀、劍、斧、戟、矛等，朝外的一面因為重在避邪，所以圖案多以劍獅、八卦、日月為主，而朝內的一面重在在祈福，故以麒麟、蝙蝠、雲、葫蘆等吉祥圖案為主。刀劍屏一般擺在正廳外正前方，靠圍牆大門處，一則可遮擋視線分隔空間，一則可為避邪納福。

朝外避煞　朝內福吉

化煞效果：

刀劍屏及刀劍門因刀劍具有防衛和殺傷之力，也可防鬼怪入侵，也可阻嚇宵小、惡人的為害，因刀劍門可令其止步，有形的宵小和無形的鬼怪，在門外一見刀劍難免會心驚肉跳，可惜此種刀劍屏及刀劍門今日已式微，乏人問津。

化煞方式：

住宅招惹陰氣及宵小為害的困擾

1、刀劍門可避陰邪邪，形式簡單，但在防範邪煞的態度上顯得較照壁強硬。

2、刀劍門架設必須先要擇日，再備好三牲酒禮、水果和上等中藥精製香料（如玉宸齋神香），再經法師的請神及開光點眼加持等宗教儀式，就可以發揮其避邪除陰的作用。

22、照牆

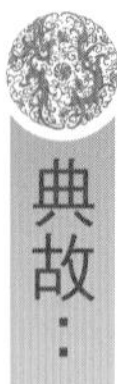

典故：

照牆，又稱照壁，具有防禦、掩蔽、防風、制煞、添祥瑞的多重意義，照牆為厭勝物時，它豎立在屋前空地來避邪止煞，通常在外側呈空白或畫上八卦牌可稱為「八卦照牆」，其形有方形、穹隆形、劍形、葫蘆形，照牆大都用磚土砌成的實牆，不僅具有屏風的效果，又有避邪押煞的功能。

化煞效果：

照牆又稱「照壁」，最主要用在路沖或宅沖、廟宇沖、廁所沖、糞堆沖等，並可阻擋鬼怪魑魅之侵或災禍之擾。

化煞方式：

孔廟必備的萬仞宮牆

「萬仞宮牆」是孔廟必備的照牆形式，其典故出自《論語》，子貢曰：「夫子之牆數仞，不得其門而入，不見宗廟之美，百官之富，得其門者或寡矣」。寓意孔子學問及道德高深，若要求取上進，並無捷徑，唯有進學校潛心修習，才能窺其堂奧。

臺北孔廟的萬仞宮牆內側彩繪了一隻麒麟，傳說麒麟是仁獸，相傳孔子母親懷孕時夢見麒麟送子以及麒麟口吐玉書，這就麒麟送子和玉書麒麟的典故，寓意學子長大後必定是一個賢良多聞，才識道德兼備的人才。臺北孔廟的麒麟腳踏書卷、葫蘆、牛角印章、玉如意四大寶物，象徵書讀萬卷、福祿雙全、升官掌印、事事如意，祝願將來必為狀元之才。

23、吉祥瑞獸：麒麟

典故：

麒麟（雄曰麒，雌曰麟），麒麟與龍一樣，為傳說中的瑞獸，麒麟是正義而充滿慈祥的，是四靈之一，所謂：「麟體信厚，鳳知治亂，龜兆吉凶，龍能變化。」麒麟特別喜歡有德行的君王，所謂：「王者至，仁則出。」就是這個道理，所以麒麟是仁瑞之獸。

麒麟據說是歲星散開而生成的，民俗傳說

北京故宮中的麒麟神獸。

麒麟麇身，牛尾、魚鱗，足為偶蹄或五趾，頭上有一角，角端有肉。麒麟為仁獸，它含仁懷義，音中律名，行步折旋皆中規矩，擇土而後踏，不踩任何活物，連青草也不踐踏，它與頭頂上的角一起，被看作是美德的象徵。

在民間中流傳許多麒麟與帝王興衰密切關連的傳說，但是對普通百姓而言，麒麟則為送子神物，相傳孔子就是麒麟送來的，也就是說麒麟送來的童子，長大後必定是一個賢良多聞，才識氣度兼備出眾的人。

琉璃精製之飛天麒麟

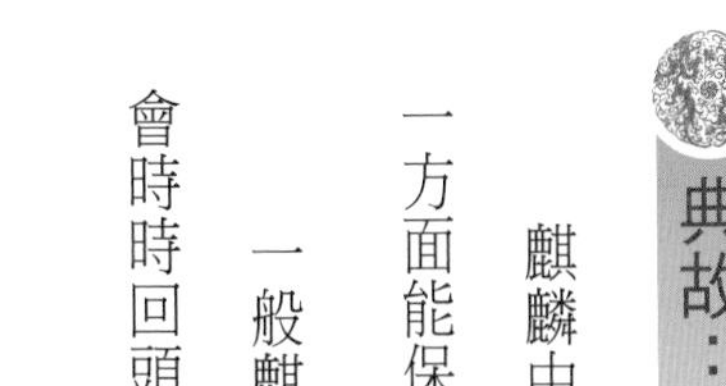

24、火焰麒麟

典故：

麒麟由中國魏晉南北朝開始，已做為帝陵鎮殿的石獸，因麒麟不像獅子那麼兇猛，故一方面能保護主人，但又不會四出濫殺無辜，因此視麒麟為祥瑞之仁獸。

一般麒麟會有回頭望的造型流傳，典故是相傳麒麟在向前奔跑時，仍能不忘本，所以會時時回頭向後望，所以風水中用的麒麟有回頭麒麟之說。

化煞效果：

1、擺設麒麟可以改變各種運程，如健康運、夫妻運、子女運、家宅及事業運、財運、開智慧增強貴人運、讀書運等，招納旺氣入宅而又隔開入侵之凶煞，發揮靈應改運的效力。

2、麒麟可以化白虎煞、刀煞、鐮刀煞、面對風化區住宅、基地或屋形左長右短、廉貞煞、住宅青龍方延伸違建、流年三煞及五黃煞、尖角煞、穿心煞等。

化煞方式：

白虎開口產生官符小人的危機

若在家宅門口的右前方有建築物，其形態與左右不相對稱，而又如老虎張口之象，易發生受傷以及意外，官符小人，血光破財，或被員工所盜賣而失利。

1、選擇吉日，在面向虎口的方位放一對火焰麒麟或九頭靈獅，因火可剋白虎金，加上麒麟可壓制化解白虎煞氣增添祥瑞。

2、必須請功力深厚且有經驗的法師或命理師為您的火焰麒麟及九頭靈獅開光、點眼及請神加持才會有靈動力的產生。

25、玉書麒麟

典故：

據傳孔子也為麒麟所送，孔子在出生之前，有一麒麟來到他家院裡，口吐玉書。玉書記載著這位大聖人的命運，說他是王侯的種子，卻生不逢時。這是著名的「麟吐玉書」的故事。

「詩經」曾經用「麟趾」稱讚周文王的子孫知書達理，後來，「麟趾」一詞被用於祝頌子孫賢慧。也常被用在神桌上兩旁的神明燈。如賀人生子的喜聯就這樣寫：「石麟果是真麟趾，雛鳳清於老鳳聲。」

開運效果：

家中書房擺放玉書麒麟能增進學子讀書學習及開智慧的無形靈動力。

開運方式：

玉書麒麟開智慧法

1、必須先請功力深厚且有經驗的法師為您的琉璃精製玉書麒麟做開光點眼及請神加持才會有靈動力的產生。

2、是以房屋的坐向方位及本人的八字中判定文昌位的位置，然後以此為書房以便擺放吉祥物。

3、必須以房屋的坐向配合擺放之人八字請地理師或命理師以奇門遁甲之術為您佈局與諏選良辰吉日，如此才能得到開啟智慧、旺官運的功效。

26、金門的文臺寶塔

典故：

《金門縣志》記載文臺寶塔，是由明朝江夏侯周德興建於洪武廿年，做為航海標誌，有近六百二十年歷史。石塔下盤石有許多名人墨寶，是金門摩崖石刻的聚集地，其中明萬曆陳煇手書墨蹟及近人張大千大師之墨寶彌足珍貴。

文臺寶塔的典故是將文台寶塔用作航海指標，並做為祈求金門人才輩出的風水文昌塔。

文台寶塔上刻有魁星踢斗的圖像，上方並刻有奎星聳照四字，兩者都是祈求文運昌隆，象徵祈求金門人才輩出、文風鼎盛。

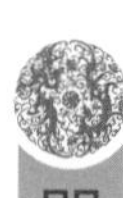

開運效果：

1、文臺寶塔的壁面朝著金門城的那一面，刻有魁星踢斗的石雕及奎星聳照的四字，在風水上是一座文昌寶塔。

2、文昌寶塔在風水中有助於科場考試，人際溝通和激發讀書者的上進心以及事業升遷。

開運方式：

陽宅風水開智慧試場官運兩如意

1、必須先請功力深厚且有經驗的法師為您的文昌筆、鰲魚筆筒、文昌塔或琉璃精製

之魁星踢斗、玉書麒麟做開光點眼及請神加持才會有靈動力的產生。

2、是以房屋的坐向方位及本人的八字中判定文昌位的位置，然後，以此為書房以便擺放吉祥物。

3、文昌筆、鰲魚筆筒、文昌塔或琉璃精製之魁星踢斗、玉書麒麟，必須放在以文昌位做為書房生旺卦位才會有所感應。

4、必須以房屋的坐向配合按放之人八字，請地理師或命理師以奇門遁甲之術為您佈局與諏選良辰吉日，如此才能得到開啟智慧、旺官運的功效。

27、魁星踢斗・鰲魚

典故：

魁星之信仰，早在宋朝即開始流行。通常民間所祭拜的「魁星爺」左手拿著硯墨，右手握硃筆，一足踏鰲首，一腳踢著星斗以供讀書人求拜。後世依「魁」字造形，故以鬼面呈現之。其右手執筆，象徵一筆點開，天下無難事，意味著圈選中試者之名。自古以來，盛傳魁星主文運，稱作魁斗星君，又稱魁星爺、文魁夫子、魁星君，與文昌帝君、關公、呂洞賓、朱熹稱為五文昌，為文人仕子所崇祀。

明代顧炎武《日知錄》中說：「今人所奉魁星，不知始於何年。以奎為文章之府，故立廟祀之，乃不能像奎，而改奎為魁，又不能像魁，而之字形，為鬼舉足而起其斗，不知奎為北方玄武七宿之一。」可知明代已很流行。顧氏還說魁星就是「奎星」，因為奎是「文章之府」。

據說魁星爺生前滿腹經綸，每試必高中，但是因為長相奇醜，總是不被錄取，主考官在面試時，恐遭致非議，所以皆不予錄取，魁星爺經過了多次打擊，最後悲憤投河自殺，幸被鰲魚匡救，將他載往天庭受玉帝敕封為「文魁星」，成為讀書人之守護神。

所謂「獨占鰲頭」乃舊時皇宮大殿台階正中之石板，浮雕有龍與鰲。唐宋時，中進士者需立於階前迎榜，為首之狀元則立於鰲頭前，故「獨占鰲頭」意寓高中狀元。在科舉時代，無論文武，唯能狀元及第，方能適稱「獨占鰲頭」求取功名，正是一筆點開天下事、七星照盡古今書。

開運效果：

1、魁星踢斗及鰲魚，可擺放於家宅中文昌位、書桌上，用以發揮「文昌」氣數之靈動力，助使讀書專心、頭腦敏捷、文思泉湧，讓考運亨通、金榜題名。

2、魁星踢斗尤其有利文職人士，可增強官運、考運、文書及工作效率，做事更加事半功倍及得到上司賞識，是升官發財的絕佳吉祥瑰寶。

開運方式：

魁星踢斗考運亨通法

1、必須先請功力深厚且有經驗的法師為您的琉璃精製魁星踢斗、鰲魚、玉書麒麟做開光點眼及請神加持才會有靈動力的產生。

2、是以房屋的坐向方位及本人的八字中判定文昌位的位置，然後以此為書房以便擺放吉祥物。

3、必須以房屋的坐向配合擺放之人八字請地理師或命理師以奇門遁甲之術為您佈局與諏選良辰吉日，如此才能得到開啟智慧、旺官運的功效。

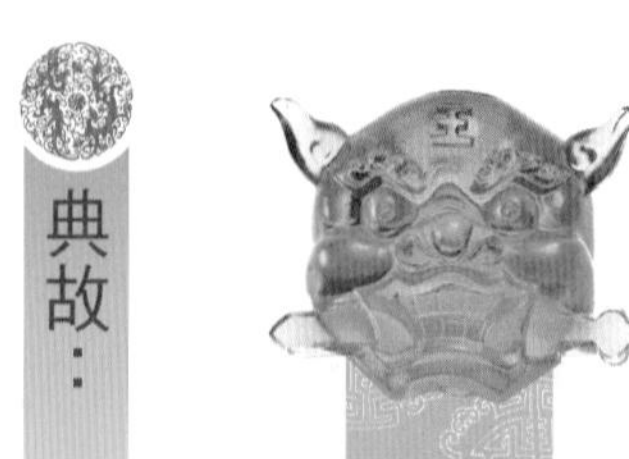

28、八仙綵

典故：

所謂「八仙綵」是一幅橫布，上面繡了民間傳說的神仙「八仙」，民俗上八仙綵被當作結婚或新居落成的吉祥賀禮，並懸掛在門楣上，也有人把它刻在木材上，再加上漆畫，可永久懸掛，有招吉、避煞、納祥的意思。

「八仙」是民間傳說中的八位神仙，祂們富有智慧，樂於行善助人，而「八仙過海，各顯神通」是說八仙各人所執的法器不同，而這八種法器都具有超凡的神通力量，也稱為「八寶」，計有：蒲扇（鍾離權）、葫蘆（李鐵拐）、花籃（藍采和）、

荷花（何仙姑）、寶劍（呂洞賓）、竹笛（韓湘子）、魚鼓（張果老）、玉板（曹國舅）。

化煞效果：

1、傳統上在屋簷下或門斗上方安上八仙綵，可以解化門前眾煞之侵犯，並可招來吉祥喜悅之氣息，八仙是代表不論男女老幼，富貴祥和，在人間可以八方圓滿，象徵吉祥瑞兆。

2、八仙綵可以當作結婚或新居落成的吉祥賀禮、招吉避煞納祥、求取財利的吉祥物，還可以化解屋外的棺材煞、曲高和寡之煞、對無人居住之破舊空屋的陰煞，以化為吉祥瑞氣驅陰除穢。

化煞方式：

墳場之陰煞常發生災禍不斷

選擇住宅近墳場、殯儀館、醫院等陰煞之地，犯之主宅內人多暗病、運氣差、常作惡夢。

1、懸掛八仙綵可使屋宅帶來熱鬧非凡的祥和之氣，帶給房屋熱的能量，能化解孤寒陰寒之煞氣，還能達到收妖除魔之功效。

2、若是來自外界的陰煞，除了懸掛八仙綵之外更應該在家中安放福祿壽三星得以化其凶氣。

29、屋頂上的風獅爺（黃飛虎）

典故：

金門的黃飛虎俗稱「屋頂的風獅爺」，是居民用來鎮風驅邪的鎮風避邪物，還可化解被四周屋脊牌坊所沖射的煞氣。連橫《台灣通史・風俗志》中記載：「屋之上或立土偶，騎馬彎弓，狀甚威猛，是為蚩尤，謂可厭勝。」但又有一說，屋頂的風獅爺是封神榜中的大將黃飛虎，被封為「東岳大帝」，手執弓矢、披甲，兩手做張弓狀，跨坐一隻似虎又似獅的猛獸上，正豎或橫立在屋頂上屋脊的正中央。

化煞效果：

1、黃飛虎威風凜凜，可驅除來犯的惡魔凶鬼，守護家宅的平安。

2、屋頂的風獅爺是居民用來鎮風驅邪的鎮風避邪物，還可化解被四周屋脊牌坊所沖射的煞氣。

化煞方式：

屋脊沖射災禍多多

房子有屋脊沖射，容易發生意外凶災、橫禍、血光。

1、將黃飛虎正豎或橫立在屋頂上屋脊的正中央，面對鄰宅屋脊沖射過來的煞氣。

2、要安置黃飛虎須請示神明或地理師，並選一個黃道吉日，經開光點眼後再安奉上，每逢年節也要奉上糕餅、三牲、酒禮、金紙及上好的清香（中藥材精製的香品）來奉祀。

30、憨番扛厝角

典故：

「憨番扛厝角」，是一尊弓著身體並且以肩膀扛著屋檐角的男性塑像。在東西文化的建築裡都有出現這種裝飾象徵，例如希臘古典建築中的女像柱，代表了永世負載扛重的辛苦象徵。中國閩南建築的「憨番扛厝角」，按李乾朗的說法：「以番九或金剛力士羅漢雕塑人物，置於屋角或台座之下，象徵負重。」一般閩南建築的墀頭上原本常用「石獅抬樑」為建

築化煞之風格及傳統，後來因為宣揚國威或是民間風俗習慣而改變成大量使用「憨番扛厝角」來化煞。

「憨番扛厝角」有很多種有趣的傳說，其中一種傳說是說荷蘭人殖民台灣時，所引進的黑奴塑像，因為黑奴天生有蠻力，所以匠師就把這種塑像放在牆頭上，用來支撐沈重的屋角。

還有一種有趣的說法是說「老番角」是一個人的綽號，這個人很喜歡隨性的批評別人，喜愛狡辯，有一天他到建廟的工地，對匠師的作品胡亂批評，因此引起建廟師傅的反感，當天晚上就依照他的容貌，塑成一尊邪鬼像，代替石獅咀咒他一輩子扛負屋頂，不得翻身。

化煞效果：

1、在建築力學上有鞏固房屋及分散樑柱重量的效果。

2、風水學上可以化解橫樑煞、直樑如棺材形。

直樑如棺材留心損人丁

房子有直樑如棺材形的鐵皮屋沖射，或者直沖門前，容易發生意外凶災、橫禍、血光、損人丁以及家道日漸凋零。

1、可以使用憨番扛厝角來化煞，需經堪輿師佈局，擇一吉時良辰，安置憨番扛厝角方能發出化煞之靈動力。

2、在直樑楨下，安放琉璃神龍大龜以挑樑化煞，使柔克剛。

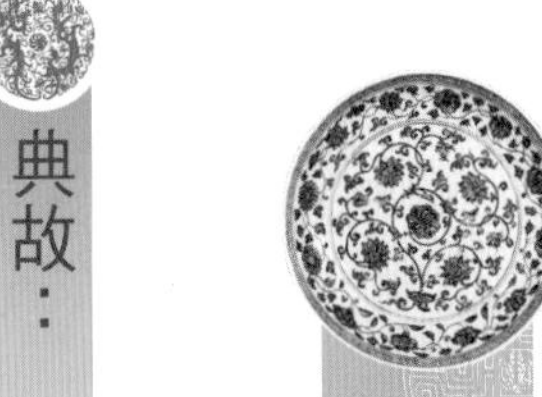

31、鏡子化煞

典故：

中國是世界上最早使用銅鏡的國家之一，中國銅鏡的使用可以追溯至四千多年前，銅鏡經過商、周、漢、唐、明、清在中國傳承了數千年，直到近代才被玻璃鏡取代。

古人認為，銅鏡能發光，實為反光，具有鎮鬼降妖、去邪消災的功能。《軒轅黃帝傳》曰：「帝因鑄鏡以像之，為十五面，神鏡寶鏡也。」漢以後銅鏡上銘文有避邪內容的也相當多，如「左龍右虎避不祥」、「服者君卿，鏡避不祥」、「延年益壽而避不羊」等等。

古人也將銅鏡用於陰間驅鬼避邪，我們可以從許多古代的陪葬品中發現，古代認為許多病症是因鬼怪纏身所致，所以有「辟瘧鏡」的產生，象徵患瘧者照之即癒。佛教和道教舉行宗教儀軌時，銅鏡亦成為不可缺少的法器，還有不少照妖鏡的典故流傳，演變至後來民俗上會以鏡子做為鎮宅的法器來驅邪避煞。

化煞效果：

1、凹面鏡：

凹面鏡的成像性質比較複雜：若物體在無窮遠處，像為一亮點；若物體在凹面鏡的焦點外，像為縮小倒立實像；若物體在凹面鏡的焦點上，成像在無窮遠處（不成像）；若物體在凹面鏡的焦點內，像為放大正立虛像（化妝鏡）。

所以當我們取用凹面鏡做風水用時，都會取用成像為縮小倒立實像或成像在無窮遠處（不成像）的方式，把尖斜之物，由大化小或是有形化成不成形之作用。凹面鏡有化解飛簷煞、箭煞的功效，但是因為任何鏡子都兼具吸納與反射兩種作用，不能擺放在室內，使用不當也容易傷到對面的住戶，一定要小心使用。

2、凸面鏡：

凸面鏡可發散光線，能成正立縮小的虛像，主要用擴大視野，一般用於車子之左右後視鏡，或商場監視扒手，轉彎鏡、廣角鏡，在陽宅可防小人、陰煞鬼魅、反弓煞。

但是任何鏡子都兼具吸納與反射兩種作用，不能擺放在室內，使用不當也容易傷到對面的住戶，一定要小心使用。

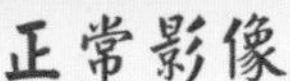

凹面鏡常用之成像

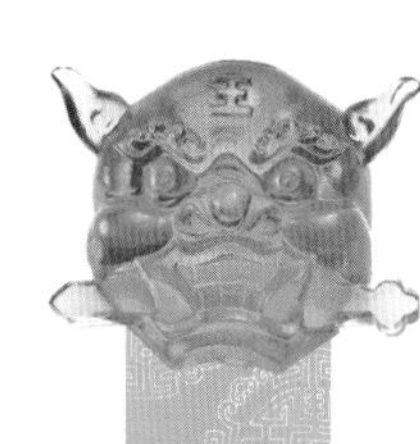

32、萬靈化煞千層斬刀鏡

典故：

萬靈化煞千層斬刀鏡為「多重防衛」之作用，集合了太極、四靈獸、鏡子合為一體，萬靈化煞千層斬刀鏡以太極為中心，如《易傳》所云：「易有太極，是生兩儀。兩儀生四象，四象生八卦。」表示太極是一切運動的發動者，運用太極開天闢地的強大靈動力，配合天之四靈，以正四方，以二十八星宿之靈力護佑鎮宅，此外鏡子也是鎮宅驅邪的法器，再加上鏡面光

學物理的原理，能將兇惡之風水形煞如同被刀斬成片段的支離破碎之象，這就如同物體被千層斬斷般的威力，將煞氣化解於無形之中。

化煞效果：

萬靈化煞千層斬刀鏡具有鎮宅保平安的功能，能化解飛簷煞、壁刀煞、鋸齒煞、探頭煞、弓箭煞、箭煞、孤獨一棵樹或一根電線桿或招牌所形成的各種陽宅風水煞氣。

化煞方式：

前探出賊子，後探出母舅

屋宅前方或後方，以平視高度可看見，對面其他建築有上下約一公尺左右的突出物體或設施等，有如探頭探腦之形態者，稱為「探頭煞」。易出男盗女娼或忤逆不孝的子孫，易遭小人暗算，莫名其妙被人利用，或家內有賊入侵而破財。

1、可安置萬靈化煞千層斬刀鏡，以斬探頭煞於無形當中。

2、面對犯煞處，安置獅咬劍及3D立體山海鎮化解。

33、為什麼公雞可以押煞及開光要用白公雞的原因

典故：

早在西元前二千五百年的甲骨文中，就有雞的象形文字。古人認為雞是上天降臨人間的吉祥獸，所以有一傳說金雞住在太陽裡，所以雞鳴報曉，呼喚旭日東昇。古人對於公雞特別厚愛，因為公雞羽毛美麗，鳴管發達，善以時而鳴，膺司晨之職，因而被尊稱為「陽鳥」，《太平御覽》曰：「雞為積

現代繪畫大師徐悲鴻的《三雞圖》。

陽，南方之象，火陽精物炎上，故陽出雞鳴，以類感也。」《春秋運斗樞》曰：「玉衡星散為雞。」《山海經》載丹穴山有一種鳥「其狀如雞，五採而文，名曰鳳凰。」《正律》稱：「黃帝之時，以鳳為雞。」《孝子傳》記「舜父夜臥，夢見一鳳凰，自名為雞。」，所以古人認為雞是鳳入凡塵，帶有吉祥以及靈性。。

我國古代特別重視雞，稱雞為五德之禽，五德為文、武、勇、仁、信，在《爾雅翼》、《韓詩外傳》中，讚美雞之五德曰：「首戴冠者，文也；足搏距者，武也；敵在前敢鬥者，勇也；得食相告，仁也；守夜不失時，信也。」

文德：雄雞的雞冠火紅而亮麗，而赤謂之文，「冠」與「官」諧音，古人冠冕堂皇為禮，所以雞冠含有升遷騰達、通達文理、文質彬彬的寓意。

武德：距是腳後面突出的足趾，讓雞有趾高氣揚之姿態，腳上的利爪，使敵人不敢輕易來犯的威武氣魄，故曰武。

勇德：雞好鬥、敢鬥，像鬥雞擁有鬥死不退的勇氣，絕不退縮，若是遇上鵨鷹襲擊，

甲骨文之雞。

公雞會羽毛倒豎，鳴叫迎戰，其勇可敬。

仁德：雞見了食物後從不獨食，會呼朋引伴來一起分享，象徵敦親睦鄰，這是仁德的最佳表現。

信德：雄雞司晨，守夜有時，每天準時報曉，這種守時報時的美德，就是信用的最佳表現。

古代，每年正月初七日以前是為「說畜日」，初一是雞日；初二是狗日；初三是豬日；初四是羊日；初五是牛日；初六是馬日，六畜排完了，才輪到初七是人日。

中國以雞做為化煞避邪的歷史由來已久，

同時道教也認為公雞（尤其是白公雞）有鎮魂、避邪的效用，如宋代《續博物志》中記載：「學道之士居山，宜養白犬、白雞，可以避邪。」而雞最能化解的煞氣就是「蟲煞」，所以雞是蟲的剋星，因為雞可以吃掉各種毒蟲，為人類除害。

雞可長鳴報曉，破暗除幽，導來光明，有抑陰助陽之特性，亦為前驅，走在前方開路，含有提防保衛之意，則其鳴叫之聲可以鎮魂。俗語說：「靈雞一鳴天下明，陰中百邪總歸藏」。「雞」與「吉」發音有諧音，還有「見雞大吉」的意義，在閩南語中「雞」與「家」發音諧音，遂有家庭的意涵，如同閩南語祝旺家運時就會說「發雞（家）火」。

道教開光儀式中會使用白公雞來開光，民間稱用來開光點眼的白公雞叫「王爺雞」，開光儀式會先請神來入座，法師會點硃砂、入寶、入蜂、點白公雞的雞冠血，儀式禮畢後會將白公雞放生。至於為何要用白公雞來開光，筆者認為白色有潔白、純潔、聖潔的意思，象徵無污點的君子守身如一，純白而無任何雜念及雜氣，心性專心一致，沒有不好的思維，同時地支酉為雞，為西方，為金，為正白色，所以會取用白公雞，而古人認為白公雞具有特殊的靈性和陽氣，以其血來開光點眼做為敕靈及壓煞，其陽氣重對於能量引聚效力會很強，此外用白公雞來開光也象徵賦予神像或吉祥物是極具聖潔的神性。

道教科儀中的開光咒載曰：

雞是靈雞白鳳雞，天降雄雞是靈雞，
降落凡間取靈氣，取得雄冠一點紅，
點神慧眼開神光，靈氣靈血通天地，
護神護體護靈光，勅。
日出東方一點紅，筆取靈雞（血冠上）一點紅，
靈雞靈血來開光，點神慧眼通天竅，大展神通顯威靈。

琉璃八卦金雞。

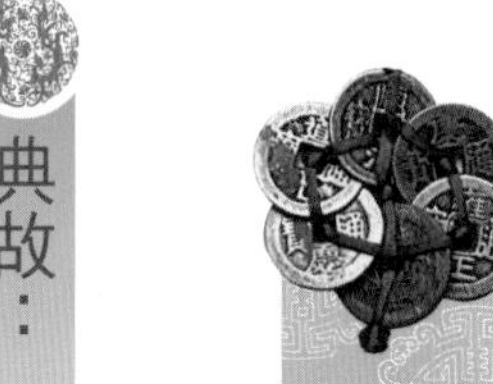

34、雞咬箭八卦石座

典故：

金門金寧鄉安岐村境，有一雞咬箭八卦石座正對一丁字形路口，在此村莊的三叉路正對面，形成一個路箭，直接沖射到村莊入口，惹的全村雞犬不寧，所以村民在村口安置了一座石刻八卦，下方彩繪公雞咬箭圖，公雞的下方再另置烘爐一只，其他三面則書寫「來龍去虎」、「合境平安」、「添丁進財」等吉祥語詞，據說雞咬箭八卦石座安置後幫助村莊迎祥制煞，讓村民安居樂業。

化煞效果：

1、雞咬箭八卦石座可以鎮風煞、擋路箭沖射、檔剪刀煞、破暗除幽、除陰煞、驅邪鎮魂。

化煞方式：

小心剪刀煞剪斷你的健康

1、剪刀煞顧名思義就是家宅形狀像剪刀，或住宅位於三角形之路所沖射之地形，其形如剪刀煞，凡犯剪刀煞，家宅成員需防意外、疾病及血光之災。

2、放置3D立體山海鎮或石敢當。

3、栽植一排植物盆景以化解煞氣。

雞咬箭八卦石座

剪刀煞

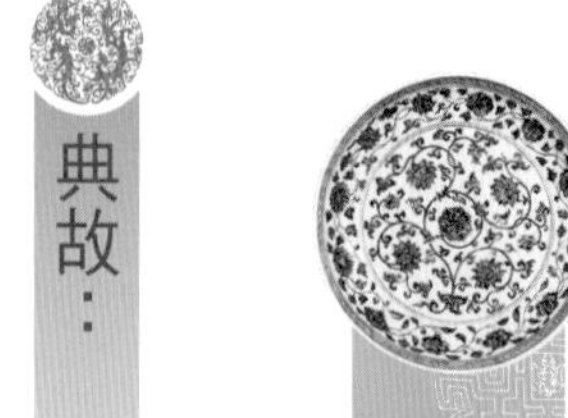

35、發財金雞母

典故：

元末明初，傳說張進寶獲得一隻神賜的金雞母，使得張進寶從一無所有的貧困生活中，瞬間「一夜致富」成家立業。然而金雞母讓人一夜致富的傳奇事蹟廣泛的流傳在民間，所以流傳至今凡是需創業或成家的人，便喜歡到寺廟乞求神明賜下金雞母，希望能和張進寶一樣達成發財的心願，讓人人都財源廣進，成家立業。

化煞效果：

1、將金雞母放置家中玄關或客廳，象徵吉祥與平安之意，可鎮宅祈福，和氣生財，

制邪化煞，還寄有閩南語「起家」之含意，是親朋好友入厝送禮或居家裝潢最佳收藏擺飾品之一。

2、發財金雞母在風水上還可做以化解蜈蚣煞、蟲害煞之用。

開運化煞方式：

蜈蚣煞導致易惹是非口舌及腸胃不適

1、當您的住家周圍外牆上常見有排水管、污水渠等，一條主幹加上分支，或是形如百蟲的電線桿、電線枝節及排水總管旁邊，向左右伸出一條條分支，看來恍似一條蟲體，就是犯了蜈蚣煞。

2、蜈蚣煞容易造成住宅內的成員，易惹是非口舌、工作不順、腸胃不適、食慾不振。

3、可在窗口或犯煞處放置四隻發財金雞母及飛天麒麟一尊來化解，當在擺放化煞發財金雞母時應注意，必須將雞嘴對正屋外類似毛蟲或蜈蚣的物體。

36、吉祥瑞獸：龍

典故：

中國古代的四靈是龍、鳳、龜、麒麟，其中龍能變化，鳳能治亂，龜兆吉凶，麟性仁厚。然而，龍有著它獨特的神性變化，所以能居中國四靈之首。龍，除了代表權威之外，也是富貴吉祥的象徵，所以很適合在家中擺放龍的吉祥物能藉此增加祥瑞之氣。

龍在中國傳說中非常善於變化，能興雲雨以利萬物的瑞獸，是為眾鱗蟲之長，四靈之

北京故宮中的龍形雕塑

首。古籍有關「龍」的記載與描述形象多變，《說文解字》：「龍，從肉、飛之形，童省聲。鱗蟲之長，能幽能明，能細能巨，能短能長，春分而登天，秋分而潛淵。」《廣雅・釋螭》中提到龍分為四種：「有鱗者稱蛟龍，有翼者稱為應龍，有角者稱虯龍，無角者稱螭龍。」還有一種說法是有兩角為龍，獨角為蛟，無角為螭，無腳為蠋。東漢王符認為「龍有九似」，龍具有兔眼、鹿角、牛嘴、駝頭、蜃腹、虎掌、鷹爪、魚鱗、蛇身，九種動物合而為一的形象，也稱作九不像。

龍在印度宗教以致佛教經典的記載中，都提及了龍這種生靈。佛經指出世上存有八種靈物，分別是：天、龍、夜叉、乾達婆、阿修羅、迦樓羅、緊那羅、摩呼羅迦，這八物便稱為天龍八部。

在神話中龍也是海底世界的主宰又稱龍王，在民間龍即被視為尊貴又祥瑞的靈獸，關於龍王神誕之日，各種文獻記載和各地民間傳說非常繁多並且多元。舊時專門供奉龍王之廟宇幾乎與城隍、土地之廟宇同樣的普遍。每逢人間風雨失調，久旱不雨，或是久雨不止時，民眾都要到龍王廟燒香祈願，以求龍王治水，風調雨順。

龍相傳為神靈之精，四靈之長能乘雲佈雨以濟蒼生，又為祈雨避邪之神，中國人賦予牠崇高尊貴的地位，龍在中國人眼中是吉祥而尊貴，例如：皇帝穿的是「龍袍」，家長用心栽培子女，是「望子成龍」，生旺自然環境的風水寶地是「龍脈」，因此龍是王者的象徵，皇帝也稱為「真龍天子」，龍之出現，即表祥瑞。

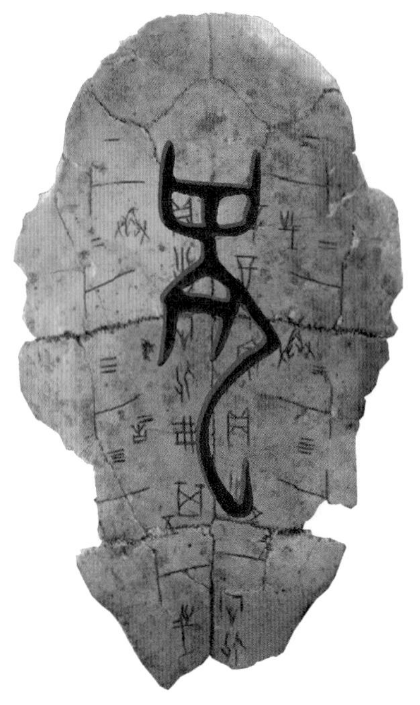

甲古文的龍。

37、九宮八卦龍印寶璽陣

典故：

九宮八卦龍印寶璽陣依照九宮八卦來佈局具有掌握權柄、押煞制小人的無形能量，讓您霸氣十足，有如君臨天下臨制八方威風凜凜，尊貴無比，可讓您仕途順遂，升官如願，及增強號召力和向心力的無形靈動力，增加個人衝勁和霸氣及威風，又可避免因為蓋章、擔保、書契、合約或股東不和諧所引起之無謂損耗及是非，是不可多得的鎮宅寶物。

化煞效果：

1、可掌握權柄，壓煞制小人，可避免因為蓋章、擔保、訂契、合約所引起之無謂損耗及是非。在事業方面，優柔寡斷、主觀意識薄弱，沒有魄力，辦事虎頭蛇尾、缺乏恆心毅力之人，放置九宮八卦龍印寶璽陣會收到意想不到的絕佳效果。

2、可以化解官口煞、孤剋煞、無尾巷、虎高龍低、年月日時煞星（如太歲、歲破、劫煞、災煞、歲煞、伏兵、大禍等）。

化煞方式：

孤剋煞難得貴人相扶持

1、寺廟、教堂易聚孤剋之氣，由於這些陰靈的聚集廟宇、教堂四周就容易產生孤煞之氣。犯孤剋煞易造成家宅成員運勢低落，難得貴人相扶持。

2、於自家面臨寺廟或軍營之處，安置九宮八卦龍印寶璽陣，龍頭朝向窗外可化解煞氣。

軍營
肅殺之氣
全聯福利中心

寺廟
孤煞之氣
氣之煞孤

38、龍山

典故：

當您事業及人生際遇碰上瓶頸無法突破，工作常感到無力及缺乏助力，總是孤軍奮鬥，無人相助，無依無靠之時，可用龍山來扭轉您的事業及人生際遇，使您的事業達到後有靠山，前有貴人之穩重如山的無形靈動力。

化煞效果：

1、在風水上借用龍尊貴、威望的特性，龍生旺氣如龍攀的磅礴之氣，可收制煞之效如玄武空虛、龍虛虎強的格局、白虎方（右方）延伸違建、白虎探頭、飛簷煞、背後無靠的大樓等煞氣。

2、龍由於具有尊貴的性質，所以可利用龍山來求取改運、納財、招貴之效，使您的事業飛黃騰達。

化煞方式：

屋宅玄武空虛，小心精神衰弱纏身

1、不論是辦公室、書房或是睡床的後方，都應該要有紮實的牆面，不可有窗戶，如果背向窗戶，而窗戶的光線很光亮猛烈的現象，就是犯了玄武空虛。

2、玄武空虛容易造成精神緊張、眼睛疲勞、坐睡不安穩、容易引起精神衰弱、魄力不足、膽識不夠，亦是難有

貴人相扶之象。

3、放置琉璃龍山以為後靠山前有貴人，然後加裝不透光之窗簾遮擋。

4、若是屋後空地低陷，需將低地填平並種植一些植物，植物數目應以房屋坐向之卦氣及卦運來配合。

39、龍印寶璽

典故：

龍印掌開運，印璽是行使職權時的徵信器物，它融入書法篆刻，成了一門藝術與傳統權威與美感和創意的極度精緻之王者象徵，猶如具備天子之威，統率三軍、君臨天下、臨制四方，具有掌握權柄、壓煞制小人的無形能量，讓您霸氣十足、尊貴無比，仕途順遂、升官如願。

龍相傳為神靈之精，四靈之長能乘雲佈雨以濟蒼生，又為祈雨避邪之神。中國人賦予牠崇高尊貴的地位，因此龍印是王者的象徵，也用來讚頌有才能者，而且是一個掌握權柄的真正實權在握的領導者，並有代代相傳的傳國之寶，有如國之玉璽是可為傳家寶之薪火相傳的意涵。

化煞效果：

1、可掌握權柄，壓煞制小人，可避免因為蓋章、擔保、訂契、合約不合所引起之無謂損耗及是非，以及股東不和及掌握不了權柄帶來之損耗及是非，是不可多得的鎮宅寶物。

2、在事業方面，個性優柔寡斷、主觀意識薄弱，沒有魄力，以及辦事虎頭蛇尾、缺乏恆心毅力之人，放置龍印會收到意想不到的絕佳效果。

3、龍印寶璽可以化解八字中缺印及官門煞、孤剋煞、無尾巷、虎高龍低、缺角煞、年月日時煞星、命中常犯小人或好事多磨者、事業優柔寡斷主觀意識弱的人。

化煞方式：

室內龍虛虎強格局導致好壞總在一瞬間轉變

建築物在風水上講求平衡對稱，如果一邊空蕩蕩，一邊隔間多，這就是不平衡。如果住家的房間和廚房都規劃在客廳的右邊，而左邊區域為餐廳和客廳，那就會形成龍虛虎強的格局。凡犯龍虛虎強的格局，家人不易得貴人幫助、容易招是非、犯小人，處理事情較偏執，或形成好壞差異很大，而好壞在一剎那間即變，或家內人口男生較為弱勢而女生能力較強。

1、修改為龍虎左右對稱來化解。

2、如不能改變格局可將琉璃精製之龍印寶璽放置家中左邊的客廳中，即可化解。

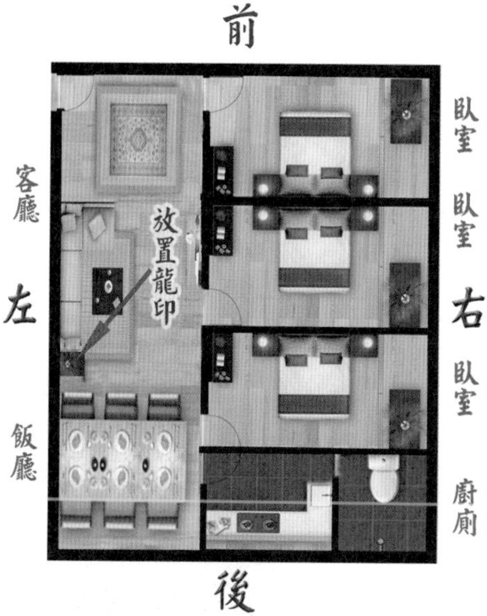

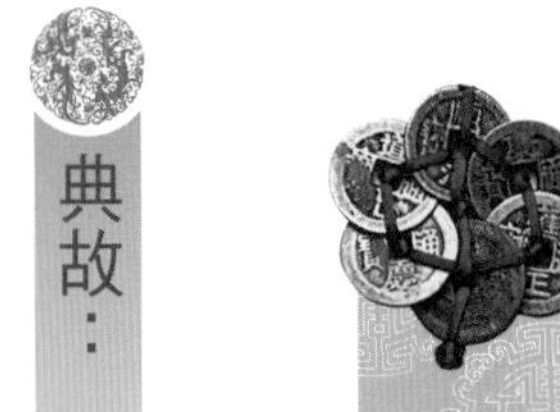

40、乾坤九龍寶璽

典故：

傳說佛陀的誕生之時有九龍吐水，沐浴金身，天上天下獨為尊。而道祖老子出生之時，萬鶴翔空，九龍沐浴，龍出之處皆成九井。可見九龍齊聚是多麼的尊貴與神聖，再加上印璽是行使職權時的徵信器物，是極度精緻的王者象徵，猶如具備天子之威、統率三軍、君臨天下、威震乾坤，具有掌握權柄、壓煞制小人的無形能量，讓您霸氣十足、尊貴無比，仕途順遂、升官如願。

化煞效果：

1、乾坤九龍寶璽可收制所有的煞氣及納財招貴之效，可以化解官口煞、孤剋煞、無尾巷、虎高龍低、路沖，屋角煞、年月日時煞星、命中常犯小人或好事多磨者、做事掌握不了權柄或競爭者多而英雄無用武之地、懷才不遇生不逢時、事業上優柔寡斷主觀意識弱的人、小人特多者、屋宅的前後左右樓上樓下有人興工動土搬徙而使氣場不穩定者。

2、乾坤九龍寶璽可以化解二黑病符星以及流年三煞之煞氣，還可掃除家中的負面能量。

開運化煞方式：

扭轉乾坤開運招財法

1、公司老闆或主管辦公室擺放乾坤九龍寶璽，象徵官運亨通、吉祥如意，大展鴻圖、財運興旺，還可以讓缺乏領導群倫魄力的老闆與不能服眾御下的老闆增強領導魄力。

2、擺放乾坤九龍寶璽具有掌握權柄、壓煞制小人、掃除公司負面能量的無形靈動力。

41、雙龍戲珠

典故：

雙龍戲珠從漢代開始便成為一種吉祥喜慶的裝飾圖紋，也是傳統建築屋頂正屋脊常見的裝飾之一，相傳天池山中有兩條青龍在此修練，它們時常行風佈雨，使百姓們過著風調雨順太平無憂的日子，一日雙龍見熊精在天池攻擊天宮仙女，二龍齊心打退熊怪，事後，王母娘娘將一顆金珠贈與雙龍協助雙龍早日得道，但是金珠只有一顆，雙龍爭相搶奪，驚動了玉皇大帝，後來太白金星

視察後，把兩條青龍潛心修練，行善積德的事蹟稟報玉帝，玉帝便又取出一顆金珠給青龍送去，於是，它們各吞下一顆金珠，都成了掌管百姓命運的天神。

雙龍戲珠起源自天文學中天體運行的道理，火龍珠象徵太陽，兩條祥龍則是上下對角排列，上為降龍，下為升龍，所以雙龍戲珠象徵幸運、美德、和諧、和平及長壽，是高貴、尊榮又有相互尊重的象徵又是幸運和成功的標誌，最利於合夥的投資事業，遇股東不和諧及不尊重之時，同時也象徵人類的守護神，象徵著喜慶豐收、祈求吉祥的美好願望。

化煞效果：

1、在風水上借用龍尊貴、威望的特性，龍生旺氣可收制煞、納財、招貴之效，使您的事業飛黃騰達，適用於辦公大樓、行政職務部門、公司行號，可助集團公司和行政職務等場合來藏風聚氣，會聚人氣，人氣就是財氣可助您事業騰達、財源滾滾，節節高升。

2、雙龍戲珠可以化解宅氣純陽純陰、住宅庭院內有大樹、垂簾聽政等煞氣。

化煞方式：

屋宅純陰之氣導致災病連連

陽宅之頂樓種大樹可盜陽宅之宅氣形成軟劫，容易使宅居主人筋骨酸痛。爬藤垂下主官符是非難免，宅內之陽宅不盛，男主人身體虛弱，常年藥碗不斷。

1、應該剪除遮住房屋的植物，讓屋宅接受陽光照射，恢復正常的磁場以挽回家運。

2、可以在客廳擺放琉璃精製的雙龍戲珠來增加家運氣勢掃除陰煞，讓家中陰陽不和之磁場變強，假若家中又有安奉神明，雙龍戲珠也可以增添神威顯赫，讓神明更能降福於家中，即所謂家和萬事興，增進夫妻感情的能量也就順理成章水到渠成了。

42、河圖洛書

典故：

易道深矣，人經三聖，世歷三古，先有，黃河龍馬出，洛水靈龜現，聖人伏羲俯仰地天，進取諸身，遠取諸物，據河圖、洛書，一劃開天，表天地人三才，定先天八卦。

紹康成引《春秋緯》云：「河以通乾出天苞，洛以流坤吐地符，河龍圖發，洛龜書成，河圖有九篇，洛書有六篇。」《繫辭》云：「河出圖，洛出書，聖人則之。」《禮記・禮運》：「河出馬圖。」因此從孔子於古籍中記載得知河圖為伏羲時代黃河出現一匹龍馬，其身上有文彩圖案，謂之龍馬負圖，伏羲將其文字記載下來，因出於黃河，謂之河圖。相傳大禹治水時有神龜出於洛水，背上有九組不同點數組成的圖畫，禹因排列其次第，而領悟成治理天下水患的九種大法，因出於洛水故曰「洛書」。

在先秦典籍之中，確曾出現過河圖、洛書的記載，朱熹《周易本義》卷首載此兩圖，謂取自邵雍所傳，此後逐廣為流傳，所以龍龜以及龍馬乃祥瑞太平的徵兆，古時有道之君王於在位時，常會有此祥瑞之神物出現，後世將河圖洛書都視為聖王治世的祥瑞徵兆。

《周易本義》卷首載入的龍馬圖。

《周易本義》卷首載入的龍龜圖。

43、靈龜占卜

典故：

漢語中「占卜」的「占」是指著占，「卜」是指龜卜，所謂卜是指在龜背上灼燒出裂紋，在龜殼崩開的一瞬間，往往會發出吥的一聲，然後裂成了卜的紋路，這就是卜的由來，《禮記．表記》載：「殷人尊神，率民以事神，先鬼而後禮。」殷商時期，君王在處理國政事務時，都要用甲骨進行占卜，祈問鬼神，事後將所問之事契刻於甲骨之上，所以有龜甲文字、龜版文、龜甲獸骨文字等名稱。

烏龜一向被中國人認為是極有靈性的動物，牠們的長壽更讓人們認為烏龜能通天地靈氣，龜殼的結構更包含了宇宙玄機的密碼與天地之數。古人認為認為天尊地卑、天圓地方，

烏龜的背甲隆起像天，腹甲平坦，好似大地，烏龜彷彿背負著天地一般。

正常的龜殼表面，在最外圍的一圈龜殼共有廿四格，代表了一年有廿四節氣，一個圓周有廿四山刻度、一天有廿四小時。龜殼的第二圈有十格代表了十天干，中間一行五格，代表五方以外，也象徵將十天干分為陰陽及陰陽五行之元素，此外五方以外其八卦也陣列其中，也代表八大節氣如：立春、春分、立夏、夏至、立秋、秋分、立冬、冬至，若配上藏腳處則

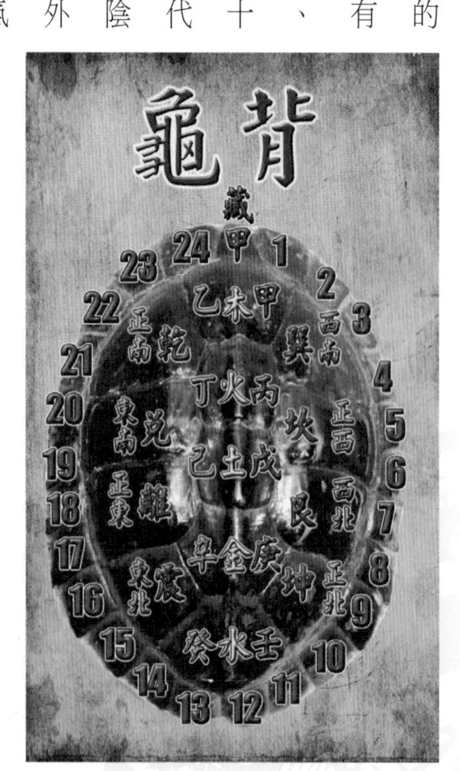

代表四維八德。

龜殼的正反面就像是陰陽的一種體現，代表了陰消陽長，陽消陰長。烏龜頭會縮進龜殼內，象徵「藏甲」，代表生命之根源，如道家所謂的抱元守一，儒家所謂的執中貫一，佛家所謂的萬法歸一，耶教所謂的默禱親一，回教所謂的返真歸一，龜殼頂天立地，頭尾之殼代表陰陽，頭陽尾陰，龜腹四肢藏處謂之四象也代表四季。

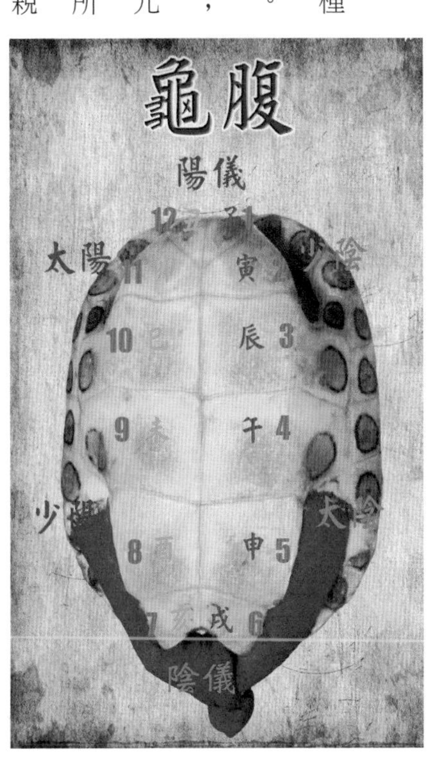

龜腹有十二格，象徵十二地支，一年有十二個月令，一天有十二時辰。一個龜殼的佈局，如此奧妙玄奇，所以歷代的占卜者都認為龜殼可以聚集天地之靈氣，龜更被喻為四靈獸之一。

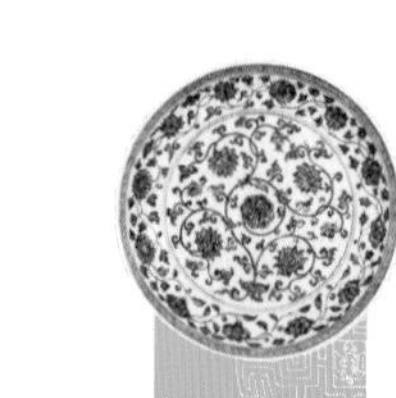

44、人體的宇宙奧妙

典故：

《莊子．達生》曰：「天地者，萬物之父母也。」這是中國古代天人合一的哲學觀，中醫專著《黃帝內經》也主張天人合一，強調「人與天地相應，與四時相副，人蔘天地」，正如道家認為天是自然，人是自然的一部分，《莊子》：「有人，天也；有天，亦天也。」「天地與我並生，萬物與我為一。」所以傳統中醫在這種思想指導下，認為人體與宇宙天體的運行互相感應，與大自然的萬千變化緊密聯繫，且與大自然二十四節氣互相對應。

如人體的脊椎骨共有頸椎七塊，胸椎十二塊，腰椎五塊，尾骨四塊相互融合，其實這也與大自然的道理十分吻合與呼應，頸椎七塊是人體的樞紐所在，象徵天上的北斗七星，中國古代十分重視北斗七星，《甘石星經》：「北斗星謂之七政，天之諸侯，亦為帝車。」

天帝坐著北斗七星視察四方，定四時，分寒暑，在英語中第一節頸椎有一個特別的名稱：「Atlas」，取自希臘神話中背負著地球的泰坦巨神阿特拉斯。胸椎十二塊象徵十二地支，一年有十二個月，一天有十二個時辰，再配上胸腔還有二十四根肋骨，代表二十四節氣，腰椎五塊脊椎骨，居人體的中央，是承載人體重量的樞紐，象徵中央土，如萬物歸土一般。

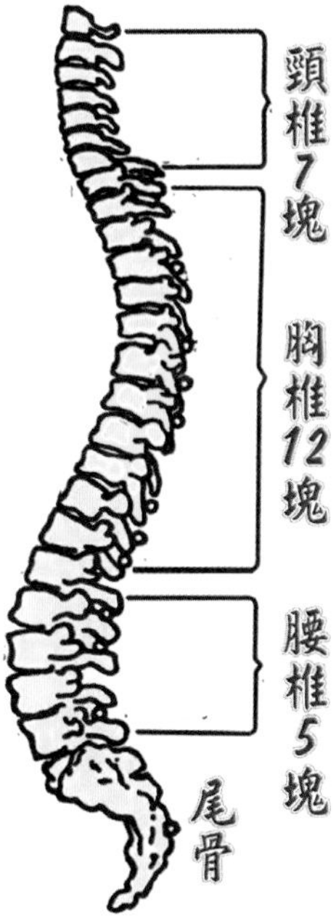

頸椎7塊
胸椎12塊
腰椎5塊
尾骨

人體的脊椎骨

45、龍馬奔騰

典故：

《繫辭》云：「河出圖，洛出書，聖人則之。」

龍馬代表了內聖外王，聖王治世的祥瑞徵兆，字典中，「龍馬」解釋成「駿馬」，而「龍馬精神」就是像駿馬一般的精神，「龍馬」還可以解釋成龍和馬。而「龍馬精神」就是指身體好、體魄強、魂魄健，精神好得像龍和馬一樣。在古代認為馬是具有龍性的，龍和馬是可以互變的。

《周禮》言：「馬八尺以上為龍」；《山海經》說：「馬實龍精，爰出水類」；《吳承恩詩文集》：「馬有三分龍性」；《西遊記》的白龍馬，真實身分是一條龍。一些史籍還載稱，修彌國有馬如龍，騰虛逐日；漢宣帝時，使臣至大宛，得名馬像龍而還；貴州有一個養龍坑，初春時，若與牝馬交接，「必產龍駒」等等。

化煞效果：

1、龍馬精神是易經乾卦的意涵，代表著天行健，君子以自強不息，龍法天，馬法地，法天之自強不息，法地之厚德載物。所以放置龍馬會產生祥瑞、太平的靈動力及堅強的意志力和不怕苦的奮鬥力及大公無私的精神。

2、龍馬可以帶來制小人且增貴人的靈動力，在事業方面對於做事虎頭蛇尾，凡事沒有持續的恆心或者事業遇小人阻礙者，可將龍馬置於事業位或貴人位上，其靈動力特別強大。

開運化煞方式：

面對無尾巷留心前途受阻無路可出的危機

面對無尾巷主前途受阻，運勢不佳，事業漸衰退，做事缺少向上奮發進取心，且沒有魄力，也會影響後代子孫之發展。

1、可在住家面對無尾巷的陽臺或窗口安置龍馬，龍頭朝外面對無尾巷處以化解之。

2、龍馬氣勢磅礡，帶來制小人且增貴人的靈動力，龍馬是莫測高深、深藏不露、轉危為安、以少勝多的最佳致勝利器。

3、若要居家旺財也可將龍馬置於旺氣位，以收生生不息之靈動力。

4、可在無尾巷尋一空地，栽植植被及一水池，家內放龍馬，頭朝水池，也可以達到風生水起好運到，因木生風，風起水浪，天馬行空萬里無阻之靈動力。

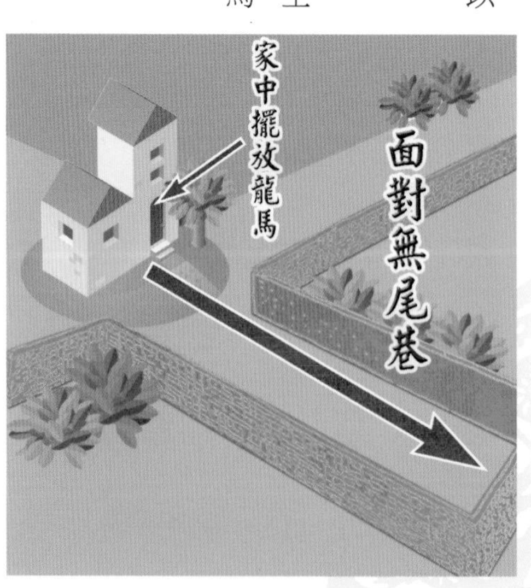

46、神龍大龜

典故：

龍龜是屬於吉祥四靈，是中國鎮國之寶為「龍、鳳、龜、麟」之一，而且又是仁壽的象徵，相傳夏禹治水在洛水發現龍龜，許多人安置龍龜來化煞，龍龜有吉祥帝座之寓意，亦是中國四大瑞獸之一。龍龜則是龍神和靈龜的化身，它本來是四靈獸之一玄武的模式，唐代逐漸脫離玄武之形，還有一說，相傳龍生九子，其中一子，頭似龍，形似龜，在民俗上稱之為龍龜。

以前很多人會懸掛一隻鐵鑊來化解尖角沖射，很是礙眼。其實，只要留心觀察，便會發現鐵鑊和龜殼的形狀頗為相似，兩者俱是圓形而中間隆起，用來化解尖角沖射，皆有異曲同工之妙。

1、龍龜有神龍大龜之稱，寓意為世人以柔克剛及擋災煞，減禍害，其力量也可制伏太歲、歲破及種種有形之煞氣。龍龜在化煞方面既有龍的威武剛強，亦有龜的忍辱負重陰柔，是鎮宅化煞的最佳聖物，龍龜可以化解橫樑煞（樑壓床、樑壓灶、樑壓書桌、樑壓座椅）、玄武空虛、鏡光煞、尖角煞等諸多煞氣。

2、將龍龜擺放居家內，有安家、鎮宅、避邪、保平安之功效，龍頭朝向家內有賜福之意，嘴咬招財進寶金錢，龜殼背有金元寶，可化煞呈祥、延年旺財化瑞氣之效，龜尾有制煞解厄之效，腳踏有六帝錢，六帝錢意謂著有皇帝之威嚴與權勢，所具有的陽剛之氣，可以化解陰邪以及不正混雜之氣場，同時在陽宅佈局規劃後，將琉璃龍龜安放於吉位上，效果既久又有效，所以風水學上，常見以龍龜為風水制煞物，且龍龜有榮譽歸來，衣錦還鄉、榮歸故里之意，也是絕佳的鎮宅禮品。

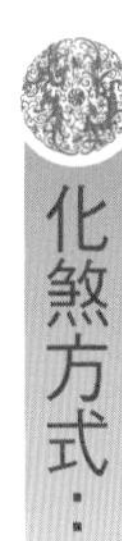

化煞方式：

橫樑煞（樑樑床、樑壓灶、樑壓書桌、樑壓座椅）

1、遇到橫樑煞可移動家具，避開橫樑下壓的狀況。

2、在橫樑的二邊釘上鋼釘，鋼釘需要用紅線或紅紙或紅布封密，以不見鋼釘為佳，掛上洞簫加二十四古帝王錢並配合千斤樑萬斤杠化煞符令來化解，有如憨番扛厝角之意涵。

3、在橫樑楨下兩旁，各放一精製琉璃龍龜以挑樑化煞，使柔克剛。

47、洞簫加二十四古帝王錢

典故：

竹子自古以來就有謙謙君子之稱，也是竹報平安富貴的表徵，更是趨吉避凶的良材。我們常見的中國民族樂器洞簫，多用紫竹或白竹來製作，「蕭」與「消」諧音，所以風水竹蕭還有消除惡煞的寓意，風水化煞之洞簫必須取自具有靈氣之竹子的頭盤來製作，由於竹子每株生長的狀態都不一樣，所以每支洞蕭的節數也都不盡相同，洞蕭可以增加屋內之吉氣和消除煞氣，其竹節代表節節高昇有助於升官加爵之意，若配合古代的廿四個純古帝王錢之靈氣，更能展現出消災解厄之無形靈動力。

化煞效果：

洞簫配合二十四古帝王錢可以避邪、招財納祥、節節高升，還可以化解橫樑煞（樑壓床、樑壓灶、樑壓書桌、樑壓座椅）。

化煞方式：

1、移動家具、避開橫樑。

2、在橫樑的二邊釘上鋼釘（鋼釘需要用紅線或紅紙或紅布封密，以不見鋼釘為佳）掛上洞簫加二十四古帝王錢並配合千斤樑萬斤楨化煞符令來化解。

3、在橫樑楨下兩旁各放一精製琉璃龍龜以挑樑化煞，使柔克剛。

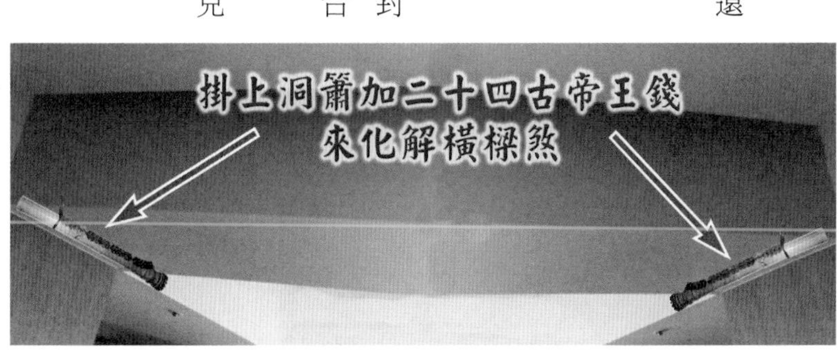

48、廿四山龍銀招財引貴符籙圖

典故：

廿四山龍銀化煞招財引貴符籙圖是依古龍銀元為主體，再配合太極兩儀與四季春夏秋冬以及先後天八卦的無形靈動力，加上道家符咒的大念力以及祥獅獻瑞，再以歲時廿四節氣、廿四山方位、二十八星宿來聚合，安置在家宅之中具有解厄制化、招財、納福、引貴之功效，還可剋制屋宅周遭的凶神惡煞以及諸多形煞。

開運化煞效果：

1、廿四山龍銀招財引貴符籙圖能藉調天上二十八星宿之無形靈動力來化解屋宅煞氣，例如：墳場的陰氣、三教九流聚集地之邪氣如賭場、色情場所、警署的肅殺之氣、教堂廟宇孤剋之氣、天斬煞、鎗煞、尖角、沖射、等煞氣都可一一化解，還可以化解屋宅的前後左右樓上樓下，有人興工動土搬徙而使氣場不穩定，使龍氣產生衰弱的現象。

2、廿四山龍銀招財引貴符籙圖具有招財、納福、引貴之功效，但是這需要經法力高深的法師請神、加持、開光過再使用符令及特製的中藥淨香末來淨旺，以加強它的靈動力，讓它效應更神速。

開運化煞方式：

廿四山龍銀化煞招財引貴法

1、是以家中或辦公室的坐向方位及本人的八字中判定貴人位的位置，然後擺放吉祥物。

2、請專業命理風水師配合玄空大卦奇門納氣天星照臨秘法找出個人的吉祥方位，然後佈局與諏選良辰吉日，如此才能得到催貴人、旺官運的功效。

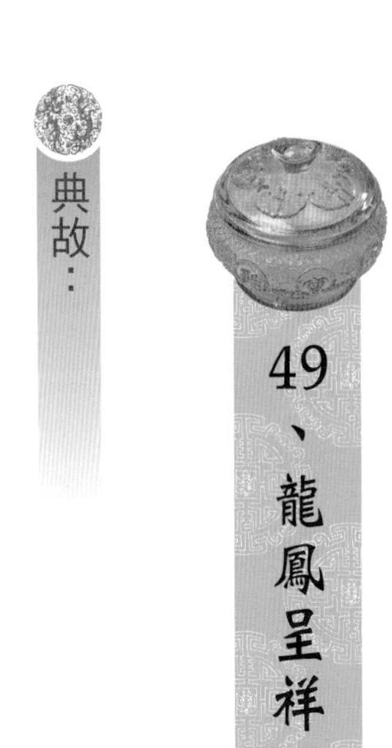

49、龍鳳呈祥

典故：

鳳凰是中國古代傳說中的百鳥之王，雄的叫鳳，雌的叫凰，鳳凰是四靈之一，有天下太平與祥瑞的象徵，古人認為時逢太平盛世，便有鳳凰來儀。「鳳」的甲骨文和「風」的甲骨文字相同，代表鳳凰具有風的無所不在及靈性力量；「凰」即「皇」，為至高至大、皇朝至貴之意。另外書中自古就有鳳屬火的說法，《春秋演孔圖》說：「鳳，火精。」《春秋元命苞》說：「火離為鳳。」所以鳳既是「風神」也是「火神」，而古人常將代表「水神」或「雲神」的龍連結在一起，所以龍鳳交會就有風調雨順和諧圓滿之意。

鳳凰也是中國皇權的象徵，常和龍一起使用，鳳從屬於龍，用於皇后嬪妃，龍鳳呈祥是最具中國特色的圖騰與用語。鳳也代表陰，儘管鳳凰也分雄雌，但是更普遍的看法是將其看作陰性，所以「鳳」、「凰」常見於女性名，宋朝就常使用龍鳳旗，還使用龍鳳做為吉祥標記。而鳳凰亦有「愛情」、「夫妻」的意思，例如鳳凰于飛、龍鳳呈祥、遊龍戲鳳，所以鳳凰在中國文學中常比喻為「真摯的愛情」。

所以龍鳳呈祥象徵美麗、仁愛、慈祥，為帝后之象徵。龍鳳兩者結合，則是太平盛世、高貴吉祥的表現。現代人把結婚之喜比作龍鳳呈祥，也是對富貴、吉祥的希望與祝福，而龍代表陽，鳳代表陰，因先天乾是後天離，而乾為龍，也代表太陽，而先天坤後天坎，而先天坎後天為兌，兌為鳥為鳳，也代表陰及月亮。

化煞效果：

1、房間安置龍鳳呈祥可以求得夫妻恩愛、雙喜臨門、喜事連連之能量場。

2、若夫妻感情不和諧，在房中擺放龍鳳呈祥，可求得陰陽和諧，圓融如意之改善。

3、家中安放龍鳳呈祥可以化解命中日月落陷之缺憾。

龍鳳呈祥夫妻恩愛和合法

1、可以在月圓的時候或是合乎夫妻生辰八字喜用的時間，在安放琉璃精製之龍鳳呈祥，便可以增強夫妻如膠似漆的感情，讓婚姻更加美滿和諧。

2、不要放在電視機上，磁電波會影響之磁場穩定。

3、放在陰陽相生之科位，化解命中陽陰（日月）落陷，可讓家中陰陽兩氣和諧，家和萬事興、事事順遂如意。

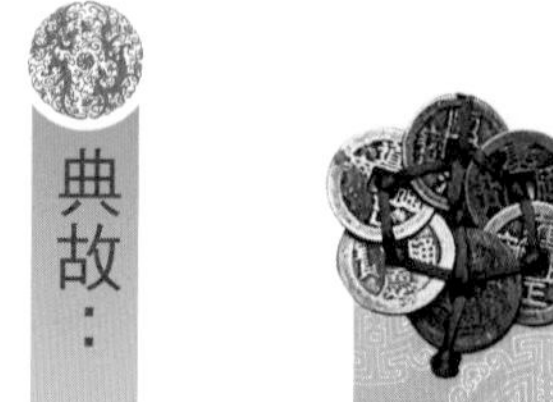

50、愛神邱比特

典故：

愛神邱比特是羅馬神話中的小愛神，維納斯的兒子，相對應於希臘神話的愛神厄洛斯，邱比特的形象為手拿弓箭、背部長有一對翅膀的調皮小男孩。祂的金箭射入人心會讓人產生愛情，祂的鉛箭射入人心會產生憎惡，所以邱比特有著天賜良緣情意濃的意涵，是單身男女求姻緣之極佳上品。

開運效果：

幫助未婚及尚無感情姻緣之人求得姻緣。

愛神邱比特求愛法

1、在臥房中擺放琉璃精製之愛神邱比特，可以增強異性緣，求得天賜良緣，加強濃濃情意，如果再加上龍鳳呈祥更能讓新來的戀情如鸞鳳和鳴一般甜蜜，但是這些吉祥物都必須開過光，才能產生吉祥或化煞的良好效應。

2、請專業命理風水師配合玄空大卦奇門納氣天星照臨秘法找出個人的吉祥方位，然後佈局與諏選良辰吉日，如此才能得到催桃花、覓良緣的無形靈動力。

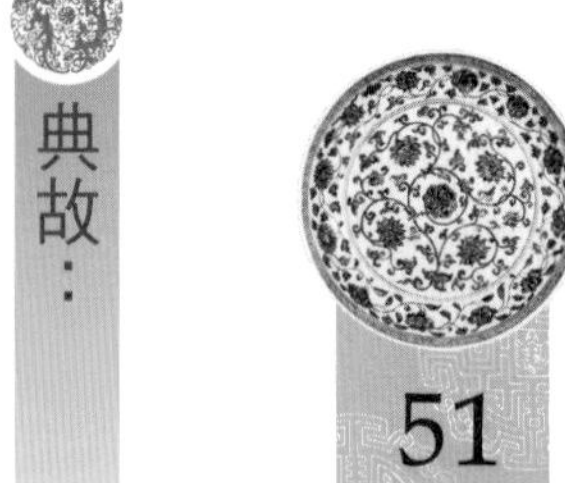

51、穩賺有餘

典故：

鯉魚是中國流傳最廣的吉祥物之一。春秋時期，至聖先師孔子之所以替兒子取名鯉，字伯魚，就是因為收到鯉魚的賀禮，子曰：「嘉以為瑞」，這是意味著，討了個吉利。由此可見，以鯉為祥瑞的習俗，在春秋時已經普及。

中國古代，魚做為吉祥物，除了代表一般的魚，常常特指鯉魚，因為鯉魚繁殖力強，所以成為人丁眾多、家族興旺的象徵，並引申到祝殖、生財等上；鯉喜成群，又離不開水，故以魚水之情喻人際關係；鯉游水中，忽而嫺靜沉穩，忽而活潑靈動，故被認為富有神變之性，成為祈雨、求富的象徵。早在漢魏時，就有雙魚踏魚錢、人物魚紋縷花錢、三魚紋鏤花錢、雙魚背雙魚紋錢、龍魚紋鏤花錢等等。

穩賺有餘運用音韻「魚」與「餘」、「鯉」與「利」同是諧音相通的靈動力，依魚的

圖案為主體，代表「錢財有餘」，而又以魚吻鑽，象徵「穩賺」，求財的意念相當濃厚，內中又有蓮花取意連年有餘，意謂祝願人們永遠富裕、吉祥。

開運效果：

穩賺有餘是一款魚來運轉，代表經商可使財源滾滾，生財、聚財，求正財與偏財功能極強，是不可多得的開運吉祥物。

開運方式：

穩賺有餘財源滾滾法

1、居家旺財可將穩賺有餘置於旺氣位或財位以收生生不息之靈動力。

2、請專業命理風水師配合玄空大卦奇門納氣天星照臨秘法找出個人的吉祥方位，然後佈局與諏選良辰吉日，如此才能得到魚來運轉、財源滾滾的功效。

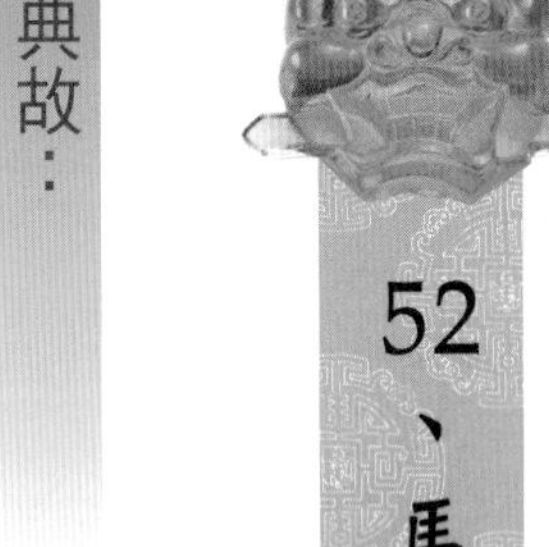

52、馬上賺

典故：

天行健，君子以自強不息，象徵宇宙運轉遞演的自然現象，是永不停止而馬可日行千里，故而馬能善行又忠心不事二主，正如乾卦之剛健及恆久不變，馬象徵旺盛的生命力，及持續力和創造力、毅力、忠心，並可以提高財運、事業運。

馬在風水學上有生旺、馬到功成、一馬當先、捷足先登、升遷、移民之功效。馬也有助於遷移、工作變遷、留學、就職、升官。馬不但是人類的助手，也是權勢地位的象徵，馬的吉祥涵意有：馬到成功、祿馬交馳、一馬當先、龍馬精神等等，且於馬鞍上鑲有水晶鑽石簡稱（馬上賺），即可聚集能量，改運招財又能許願、消災，一舉數得。

開運效果：

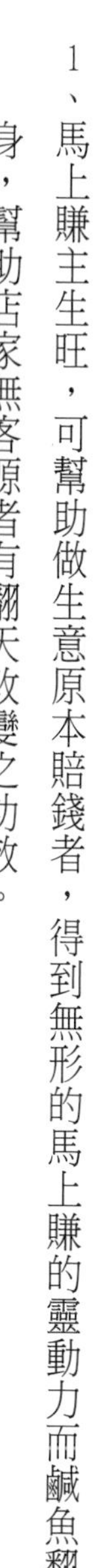

1、馬上賺主生旺，可幫助做生意原本賠錢者，得到無形的馬上賺的靈動力而鹹魚翻身，幫助店家無客源者有翻天改變之功效。

2、馬上賺以採用琉璃材質能量功效最強最快，因為琉璃內含有金屬而易經乾卦為金，馬為火，這正意涵馬有乾卦與離卦及太陽火及天道運轉永不停息，而火為離且易經先天乾卦在後天卦之離方，而離方在乾，而為乾為火，而午又為馬，故有天南地北之稱謂從此而來，馬有乾卦與離卦又為太陽的熱能之象徵，秉足了先天五行之生剋制化及陰陽消長的自然現象。

開運方式：

馬上賺翻天招財生旺法

1、風水佈局上一般把馬放在主人的驛馬方，及天祿的方位是為祿馬交馳。或者放在南方，以及西北方，對晉見貴人、升官發財、事業的良好遷動，有莫大的助益。

2、開店、投資可按放在收銀機、櫃檯上或玄關、客廳財位上，業務人員可擺置在辦公桌靠門口側，可讓生意與人潮如流、綿延不絕，也因為擺放馬上鑽有如乾離在天空之中，使得錢財有賺翻天之效果。

3、按置家中玄關、客廳，象徵吉祥與平安之意，並可增加熱能鬥志而賺取更多財富。可鎮宅祈福，和氣生財，可使正偏財兩相旺。

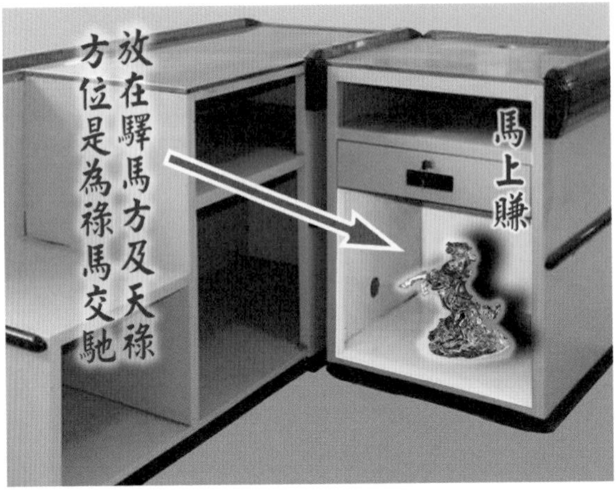

53、躍天飛馬

典故：

馬象徵旺盛的生命力、持續力、創造力、毅力、耐力、忠心等精神，馬的吉祥涵意有：馬到成功、祿馬交馳、一馬當先、龍馬精神等等，在易學文化中馬有著重要的代表性，如《易．說卦傳》乾為馬；《疏》乾象天，天行健，故為馬；《春秋．說題辭》地精為馬；《春秋．考異記》地生月精為馬；代表著「天行健，君子以自強不息。」；龍法天，馬法地，法天之自強不息，法地之厚德載物。

至於飛馬在中國古籍中稱為天馬，《左傳》：「天馬，獸名，有翼能飛。」同時天馬在希臘神話中被稱為馬神佩格薩斯，擁有無與倫比的速度與力量。馬在風水學上有生旺、馬到成功、一馬當先、捷足先登之義。躍天飛馬象徵壯志在胸，為理想揮動翅膀，在事業上平步青雲，讓財富的累積，更如飛馬騰雲，扶搖直上。

開運效果：

1、躍天飛馬主生旺，放置躍天飛馬可利遷徙、移民、出國留學、轉學、工作變遷、轉業等變化。

2、躍天飛馬採用琉璃材質功效最強，因為琉璃內含有金屬而易經乾卦為金，馬為火，這正意涵馬有乾卦與離卦及太陽火及天道運轉永不停息，而火為離且易經先天乾卦在後天卦之離方，而離方在乾，而為乾為火，而午又為馬，故馬有乾卦與離卦又為太陽的熱能之象徵，秉足了先天五行之生剋制化及陰陽消長的自然現象。

開運方式：

一飛沖天發財開運法

1、如若想在短期內對事業及財運有幫助，那便要把馬擺放在房屋的財位，以為一馬當先快速贏取捷足先登之氣勢，使一切事務馬到成功、搶得先機，改善猶豫不決的陀羅心態從而創造出經濟財富的奇蹟。

2、風水佈局上一般把馬放在主人的驛馬方，及天祿的方位是為祿馬交馳。或者放在南方，以及西北方，對晉見貴人、升官發財、事業的良好遷動，有莫大的助益。

3、開店、投資可按放在收銀機、櫃檯上或玄關、客廳財位上，業務人員可擺置在辦公桌靠門口側，可讓生意與人潮如流、綿延不絕。

4、按置家中玄關、客廳，象徵吉祥與平安之意，並可增加熱能鬥志而賺取更多財富。可鎮宅祈福，和氣生財，可使正偏財兩相旺。

54、馬上封猴

典故：

「馬上封猴」的象徵圖案，自古即為官宦仕子所喜愛，馬上封侯由猴子、駿馬搭配，而「猴」與「侯」同音，侯為中國古代達官權貴的代表，再加上猴子騎在馬上，「馬上」為立刻的意思，而西遊記中的齊天大聖孫悟空從地界之精怪被封為天庭天官弼馬溫，也代表一躍成名。

所以「馬上封猴」象徵官運亨通、吉祥如意，大展宏圖、指日高昇之意。

開運效果：

1、放置馬上封猴可以幫助官運不通以及缺乏貴人之人，帶給他們官運亨通、吉祥如意，大展宏圖、指日高昇之無形靈動力。

2、馬上封猴是專為企業主管、政務主管所設計的開運升官寶物，可使您官運光明順利、事業飛黃騰達。即便您還是個小職員、小主管，只要有奮發之心安置馬上封猴，亦能助您一臂之力，早日成為人人稱羨、獨當一面的大主管喔！

開運方式：

馬上封猴官運亨通法

1、必須先請功力深厚且有經驗的法師或命理師為您的馬上封猴做開光點眼及請神加持才會有靈動力的產生。

2、請專業命理風水師配合玄空大卦奇門納氣秘法找出個人的貴人方位，然後佈局與諏選良辰吉日，如此才能得到催貴人、旺官運的功效。

62、聚寶盆

典故：

傳說明朝沈萬三的財富是靠一只聚寶盆而來，據挑燈集異所載：「明初沈萬三微時，見漁翁持青蛙百餘，將事挫剖，以錘買之，縱於池中。嗣后喧嗚達旦，貼耳不能寐，晨往驅之，見蛙俱環踞一瓦盆，異之，將歸以為烷手器。萬三妻偶遺一銀鋇於盆中，銀奴盈滿，不可數計，以錢銀試之亦如是，由是財雄天下。」還有一本瞥岡齊筆記，則說：「俗傳萬三家有聚寶盆，以物投之：隨手而滿，用以致富敵國。」從那兩則記載來看，有了聚寶盆這件東西，真是想不發財都不可能的了。

到了現代，因大家都想討個吉祥，能求得一個好兆頭，大家皆在家中財位也擺放一個

沈萬三與聚寶盆

聚寶盆，希望如傳說能有賺不完的錢，所以聚寶盆用以象徵財富入多出少，取之不竭，並利用有形的寶器寶物來凝聚氣場，例如：五路財神、十二生肖、彌勒佛、穩賺有餘、古錢幣、金元寶、祥雲、八卦、太極等。這些都是中國文化的傳承以及民間生活習俗中，具有求財聚寶象徵意義的吉祥圖騰，然後再加上神佛之靈動力無形的加持，經由大師開光、敕靈，有效的將其無形的靈動力釋放出來，令寶物產生靈力引寶招財，達成您的願望。但是筆者認為若要達到聚財納寶之功效，必當有盆有盒（蓋子），若是沒有何能稱為聚寶盆呢？

大明宣德時期製作的聚寶盆。

56、五路財神聚寶盆

典故：

武財神爺「趙公明」，是封神榜的神仙，相傳姜子牙封趙公明為「趙玄壇元帥」，率領東、西、南、北路財神：招寶天尊蕭升（東路）、納珍天尊曹寶（西路）、招財使者陳九公（南路）、利市仙官姚少司（北路），共掌管天下財庫，迎祥納福，因此民間統合尊稱「五路財神爺」。

在陽宅風水學中，金庫、財位原則上都以旺方為用，然後在金庫上方安置各式旺財吉祥物，用以達到求取招財進寶，而五路財神聚寶盆就是安置在金庫財位的最佳的吉祥物了，將它安置坐在金庫財位方，可說是財神坐鎮，以得神佑之無形靈動力，鎮守財庫轉化洩財之煞氣，收得招財進寶之效。

開運化煞效果：

五路財神聚寶盆運用「五路財神爺」之迎祥納福的靈氣，可以讓您五路進財，大發利市，能夠彌補財帛宮破、增加財運、守財聚財還可以阻擋火形煞的煞氣。

開運化煞方式：

五路財神招財開運法

1、五路財神聚寶盆在安置時，必須先將法力高深的法師，以道教正統的開光儀式，來為財神加持、開光，用以開啟財神的最佳的旺財靈動力，並配合陽宅整體格局規劃及配合主人的出生年月日時的八字之本命財位，擇一良辰吉日，正確的安置於陽宅中生旺位並與本命之財位相生之地，才能發揮出旺財效力，否則鎮守的只是個空庫而以，古書所云：「金銀財庫若得位，財神相助有機會。」

2、置於財庫、保險櫃、酒櫃上、書櫃裡或家中財位或乾淨生旺的地方。

3、置於營業場所收銀機旁。

4、用於財帛宮沖破，每有入財皆如過路財神，聚不住財富之人。

57、福祿壽聚寶盆

典故：

聚寶盆用以象徵財富入多出少的，取肚大口小的形狀為用，並利用有形的寶器寶物來凝聚氣場，藉福祿壽三星之靈動力及五行相生之局，以納取天官賜福、加官進祿、長壽綿延之福吉。

「裝寶藏」通稱為「裝藏」，如同民間習俗安爐必需在香爐內入五寶，所以聚寶盆除了裝入非常豐富的五寶外，還需按置招財進寶的道家符籙並以民俗上慣用之五色線、五穀、五色水晶石、龍銀元及五帝古錢……等等。

還可置入各式硬幣，還有其他更珍貴、更容易受敕靈開光感應之寶物，令您招財納市財源滾滾來，聚寶盆具有聚氣納寶之功能及有轉化滯留不動之財氣作用，原則上是不宜任意打開，安放後就不要隨意動，以免氣場財氣散去，但應配合陽宅格局及本命八字之財位的整體規劃，將聚寶盆擺放在特定的財位或生氣位，其效果更顯著發揮出來，否則聚寶盆僅為輔助之功或僅是裝飾藝術品而已。

開運效果：

福祿壽聚寶盆可納取天官賜福、加官進祿、長壽綿延之福吉，不論是求取升官發財或是招祥納福都有非常顯著的功效。

開運化煞方式：

福祿壽天官賜福聚寶法

1、置於財庫、保險櫃、酒櫃上、書櫃裡或家中財位或乾淨生旺的地方。

2、置於營業場所收銀機旁。

3、用於財帛宮沖破，每有入財，皆如過路財神，聚不住財使之最佳。

4、用於不易賺錢者，付出多而回報少者，或常因他人而耗財者。

5、辦公室之辦公桌。

58、火焰聚寶盆

典故：

火焰聚寶盆擁有火燃而麗及放射性之靈性，同時具有生發的力量。火炎上，火空則發，有一發沖天之勢，所以火可吸收太陽光束的波粒兩性七色彩光，它是波粒二性的元素，運用火焰生生不息的靈動力，可達到如火焰般的快速發財，火還具有制煞、避邪、除陰、驅穢，再加上蝙蝠雙耳搭配古錢幣，代表福祿雙至、福祿綿延，意謂祝願人們永遠富裕、吉祥。

開運化煞效果：

火焰聚寶盆主快速進財，還可以制煞、避邪、除陰、驅穢。

開運化煞方式：

火焰聚寶盆一發沖天開運發財法

1、置於財庫、保險櫃、酒櫃上、書櫃裡或家中財位或乾淨生旺的地方。

2、置於營業場所收銀機旁。

3、用於財帛宮沖破，每有入財，皆如過路財神，聚不住財。

4、用於不易賺錢者，付出多而回報少者，或常因他人而耗財者。

5、辦公室之辦公桌。

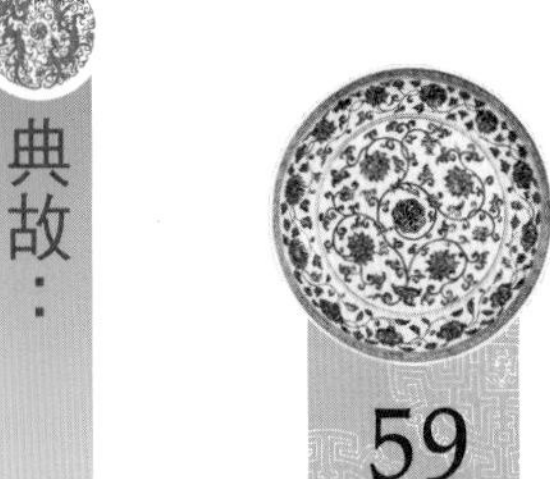

59、彌勒佛聚寶盆

典故：

彌勒佛的形態表現出和藹慈祥、豁達大度、滿面笑容、坦胸露腹的慈愛形象，常被人們稱為笑佛、歡喜佛、大肚彌勒佛。著名楹聯：「大肚能容，容天下難容之事；開口便笑，笑世上可笑之人」，便把菩薩的寬廣胸懷和樂觀態度描繪得維妙維肖、淋漓盡致。

所以彌勒佛融入聚寶盆之中，象徵歡喜財神佑助快樂進財之內涵，因為彌勒佛有隨緣歡喜之心，不用多求而且可讓聚寶盆生生不息，其大肚有如宰相肚裡能撐船一般的包容大肚，可裝盡金銀財寶廣納四方之財。

開運效果：

彌勒佛聚寶盆主快樂進財，能夠彌補財帛宮破、增加財運、守財聚財。

彌勒佛笑納五方財開運法

1、置於財庫、保險櫃、酒櫃上、書櫃裡或家中財位或乾淨生旺的地方。

2、置於營業場所收銀機旁。

3、用於財帛宮沖破，每有入財，皆如過路財神，聚不住財。

4、用於不易賺錢者，付出多而回報少者，或常因他人而耗財者。

5、辦公室之辦公桌。

6、用於每因進了賺了一筆錢財後，就有後遺症之人，如官符是非跟著來之象，因不能歡喜隨緣而賺錢得罪人之原故。

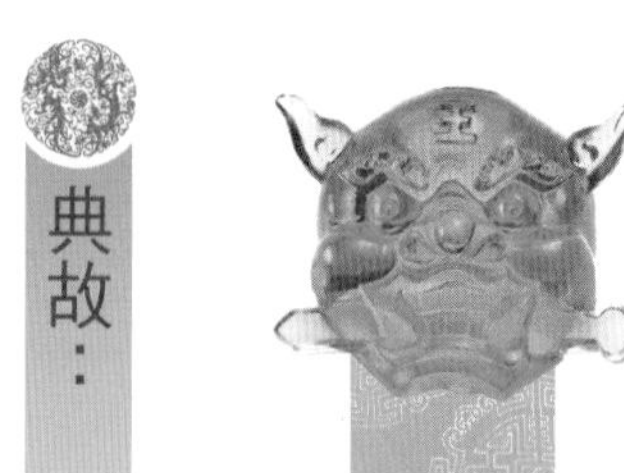

60、十二生肖聚寶盆

典故：

藉由十二生肖之靈動力來納財，是聚集了本命元神之守護神，吸收天地宇宙磁場好的能量元素，配上雕刻家的精雕細琢與藝術美學，栩栩如生、絲絲入扣，又加上琉璃精製猶如火山爆發銳不可擋之無形靈動力。

開運效果：

藉由十二生肖之靈動力來納財，能夠彌補財帛宮破、增加財運、守財聚財。

十二生肖納財開運法

1、置於財庫、保險櫃、酒櫃上、書櫃裡或家中財位或乾淨生旺的地方。

2、置於營業場所收銀機旁。

3、用於財帛宮沖破，每有入財，皆如過路財神，聚不住財。

4、用以單槍匹馬獨自奮鬥沒有貴人或投資合夥人不和而產生賠本守不住財之象。

5、用於不易賺錢者，付出多而回報少者，或常因他人而耗財者。

6、辦公室之辦公桌。

61、穩賺有餘聚寶盆

典故：

中國古代，魚做為吉祥物，除了代表一般的魚，常常特指鯉魚，因為鯉魚繁殖力強，所以成為人丁眾多、家族興旺的象徵，並引申到祝殖、生財等上；鯉喜成群，又離不開水，故以魚水之情喻人際關係；鯉游水中，忽而嫺靜沉穩，忽而活潑靈動，故被認為富有神變之性，成為祈雨、求富的象徵。

穩賺有餘運用音韻「魚」與「餘」、「鯉」與「利」同是諧音相通的靈動力，依魚的圖案為主體，代表「錢財有餘」，而又以魚吻鑽，象徵「穩賺」，求財的意念相當濃厚。

開運效果：

是一款魚來運轉、財源滾滾，生財、聚財，是求偏財功能極強、不可多得的開運吉祥物。

開運方式：

穩賺有餘旺財法

1、用於店面其客緣不佳或每每客人殺價太厲害而導致生意在賺與賠之間時。

2、用於不易賺錢者，付出多而回報少者，或常因他人而耗財者。

62、天祿百福聚寶盆

典故：

天祿百福聚寶盆藉由貔貅只進不出的靈動力，再配合倉頡造字之音韻及字義的靈動力，如福之畐有腹滿之義，如同金銀財寶皆入肚藏，再則福與富互訓，所以家富則有福，而百福則帶有百福俱臻、福祿雙全、福壽綿綿、洪福齊天之意，因而天祿百福聚寶盆能夠達到盡量只出不進、百福俱臻、旺財、守財、生財、入財之最佳靈動力。

相傳「貔貅」喜愛金銀財寶的味道，常咬回金銀財寶來討主人的歡心，因而「貔貅神獸」另有旺財的功用，但若錢財只入不出，猶如人之食物只入而不出，那要如何消化與排泄呢？然而錢財只入而不出又如何流通增加財富呢？況且古時文獻亦少有關貔貅旺財之記載，因此筆者認為若要讓貔貅達到旺財之功能，必須要有聚寶盆來配合，聚寶盆能讓貔貅將吸食之財寶吐入盆中，否則只入不出那能旺財呢？您認為如何呢？

開運效果：

天祿百福聚寶盆主旺財、守財、生財、入財、制煞、避邪、除陰、驅穢。

開運化煞方式：

天祿百福旺財聚財法

1、置於財庫、保險櫃、酒櫃上、書櫃裡或家中財位或乾淨生旺的地方。

2、置於營業場所收銀機旁。

3、用於財帛宮沖破，每有入財，皆如過路財神，聚不住財。

4、用於平常不捨花錢而常導致因小失大，或者省到一段時間就有一事讓您被財者，用之最佳。

5、用於不易賺錢者，付出多而回報少者，或常因他人而耗財者。

6、辦公室之辦公桌。

63、金蟾百福聚寶盆

典故：

三腳咬錢金蟾相傳原是一妖邪，法力高強，喜愛財寶，危害人間。最後被修道士劉海收服，成為其腳力，幫助劉海濟世助人。所以三腳咬錢蟾蜍天性喜歡金銀財寶，對錢財有敏銳洞悉力，很會挖掘財源，劉海平生喜歡佈施濟貧，得到三腳咬錢蟾蜍之助，濟助貧窮無數，所以後來被人們當作旺財瑞獸。再加上百福則帶有百福俱臻、福祿雙全、福壽綿綿、洪福齊天之無形靈動力，故它可吸納偏財以及博彩動旺之運，有利促進投資及生意買賣的財運。

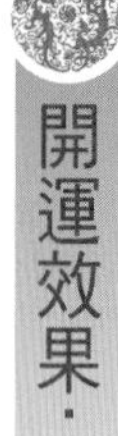

開運效果：

金蟾百福聚寶盆主旺財、守財、生財、入財、吸納偏財以及博彩動旺之運、利於投資生財。

開運方式：

金蟾偏財開運法

1、適合於做投資短期股票基金、有價證券或略帶投機或賭性或一夜致富之投資行業。

2、用於不易賺錢者，付出多而回報少者，或常因他人而耗財者。

64、納財聚寶盆

典故：

納財聚寶盆主增加財運，藉由聚寶盆用以肚大口小，象徵財富入多出少，取之不盡，用之不竭，並利用古錢幣、金元寶、祥雲等具有求財聚寶的吉祥圖騰來凝聚氣場，然後再加上神佛之靈動力無形的加持，經由大師開光、敕靈，有效的將其無形的靈動力釋放出來，令寶物產生靈力引寶招財，達成您的願望。

開運效果：

納財聚寶盆能夠彌補財帛宮破、增加財運、守財聚財、招財入財。

納財聚財開運法

1、置於財庫、保險櫃、酒櫃上、書櫃裡或家中財位或乾淨生旺的地方。

2、置於營業場所收銀機旁。

3、用於財帛宮沖破，每有入財，皆如過路財神，聚不住財。

4、用於節儉致富而生富及綿綿不絕天天有進財之生意用之最佳。

5、用於不易賺錢者，付出多而回報少者，或常因他人而耗財者。

6、辦公室之辦公桌。

65、五福聚寶盆

典故：

五福聚寶盆主增加財運，藉由聚寶盆用以肚大口小，象徵財富入多出少，取之不盡，用之不竭，並利用五隻蝙蝠象徵五福臨門以及古錢幣、祥雲等吉祥圖騰來凝聚氣場，然後再加上神佛之靈動力無形的加持，經由大師開光、敕靈，有效的將其無形的靈動力釋放出來，令寶物產生靈力引寶招財，達成您的願望。

開運效果：

五福聚寶盆能夠彌補財帛宮破、增加財運、守財聚財、招財入財。

五福聚財法

1、置於財庫、保險櫃、酒櫃上、書櫃裡或家中財位或乾淨生旺的地方。

2、置於營業場所收銀機旁。

3、用於財帛宮沖破，每有入財，皆如過路財神，聚不住財。

4、用於不易賺錢者，付出多而回報少者，或常因他人而耗財者。

5、辦公室之辦公桌。

6、用於靠勞動力或專業技術功夫進財者，小本生意每日有進財之生意者或薄利多銷者。

66、九龍聚寶盆

典故：

龍有著它獨特的神性變化，所以能居中國四靈之首。龍除了代表權威之外，也是富貴吉祥的象徵，所以在家中擺放龍的藝術品，能藉此增加祥瑞之氣。

古有龍生九子之說，因以為飾而示祥瑞，龍也是傳說中神仙駕馭的神獸，晉葛洪《抱朴子．金丹》：「元君者，大神仙之人也。能調和陰陽，役使鬼神風雨，驂駕九龍十二白虎。」《雲笈七籤》：「寶蓋連輿，命駕禦九龍。」龍能治水，《九川行》：「帝遣九龍下，治此江漢安。」

相傳佛祖誕生在印度之時，天有九龍吐出香水為佛祖洗浴，所以佛誕節又名浴佛節。

另外道祖老子出生時，相傳有萬鶴翔空，九龍吐水，以浴聖姿，龍出之外，因成九井的傳說。

開運效果：

九龍聚寶盆象徵富貴聚財，以九龍引寶招財可以產生財水奔流進家門般的強大靈動力。

開運化煞方式：

九龍引寶招財法

1、置於財庫、保險櫃、酒櫃上、書櫃裡或家中財位或乾淨生旺的地方。

2、置於營業場所收銀機旁。

3、用於財帛宮沖破，每有入財，皆如過路財神，聚不住財。

4、適用於靠人脈賺錢，如旅遊業、保險業，或因貴人生財或與公家機關有生意往來者。

5、用於不易賺錢者，付出多而回報少者，或常因他人而耗財者。

6、辦公室之辦公桌。

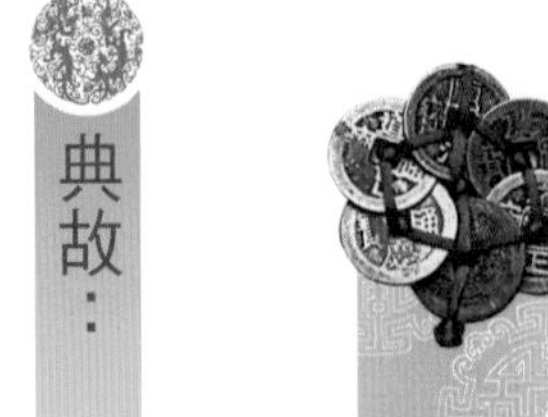

67、招財金蟾

典故：

俗話說「劉海戲金蟾，步步釣金錢」，傳說劉海是五代宋初時的道士，曾經在朝中當官，後來辭去官職、散盡家財，一心求道，遂改名劉玄英，道號海蟾子，道教全真教，將之奉為北五祖之一，元世祖封其為「海蟾明悟弘道真君」，民間稱為劉海蟾，最後還衍生出劉海戲蟾的傳說故事。

三腳咬錢金蟾相傳原是一妖邪，法力高強，喜愛財寶，危害人間。最後被修道士劉海收服，成為其腳力，幫助劉海濟世助人。所以三腳咬錢蟾蜍天性喜歡金銀財寶，對錢財有敏銳洞悉力，很會挖掘財源，劉海平生喜歡佈施濟貧，得到三腳咬錢蟾蜍之助，濟助貧窮無數，所以後來被人們當作旺財瑞獸。

化煞效果：

招財金蟾它可吸納偏財以及博彩動旺之運，有利促進投資及生意買賣的財運，是最佳的化煞進財吉祥物品。

開運化煞方式：

金蟾招財法

1、置於家中財位或乾淨生旺的地方。

2、用於不易賺錢者，付出多而回報少者，或常因他人而耗財者。

3、置於店面財位或辦公室之辦公桌。

4、適用於金融投資而略帶創新投資或公益彩券、賭場、博奕業、正偏財皆可。

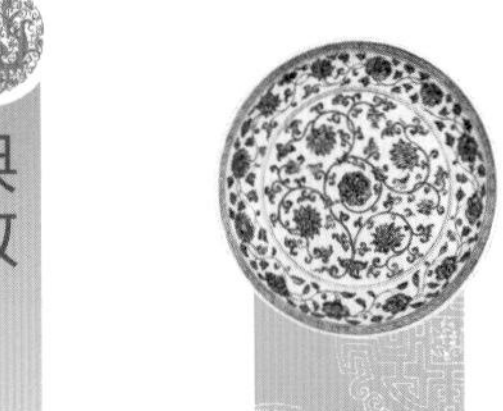

68、千手千眼觀音菩薩項鍊

典故：

觀世音菩薩是中國所有華人民間普遍敬仰崇拜的神佛，在佛教各種菩薩像中，觀世音菩薩像的種類最多，這與觀世音有三十二種化身的說法有關。觀世音菩薩救苦救難大慈大悲之心，無論世間眾生遭遇何種災難，若一心稱念觀世音菩薩名號，菩薩即時尋聲赴感，使之離苦得樂，故人稱「大慈大悲觀世音菩薩」，為佛教中知名度最高的大菩薩，有「家家阿彌陀，戶戶觀世音」的讚譽。

觀音菩薩能破除地獄道眾生的三種障礙，據密宗經典中記載，觀世音菩薩想要渡化眾生，化身為千手千眼觀世音，發出大悲誓言：「我將為一切眾生做大利益。」而其千手表

示遍護眾生，千眼則表示遍觀世間一切事物，渡一切眾生，廣大圓滿，沒有障礙。

化煞效果：

配戴千手千眼觀音菩薩項鍊可以開運消災解厄趨吉避凶，快速淨化身上之負能量護佑身心，強化吉祥磁場趨小人避邪魔，化煞轉禍為福消除年災魔難。

開運化煞方式：

保佑行車出入平安

1、為發揚觀音大士大慈大悲的大念力以及救苦救難的精神，配戴千手千眼觀音菩薩項鍊需特聘功力高深、經驗豐富的法師來開光點眼、請神、唸咒加持，以增加其靈動力。

2、掛在車中能保佑行車出入平安。

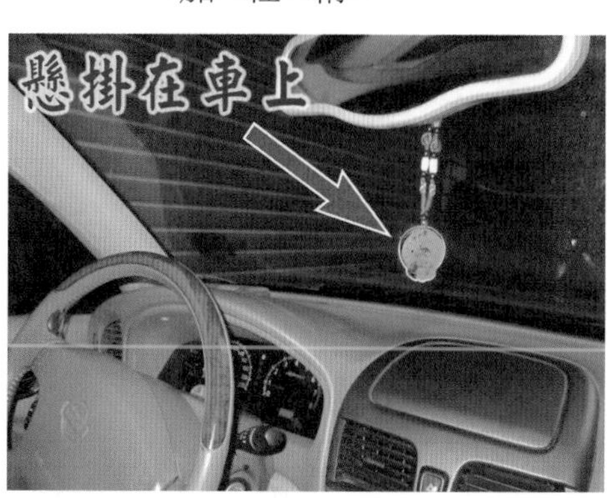

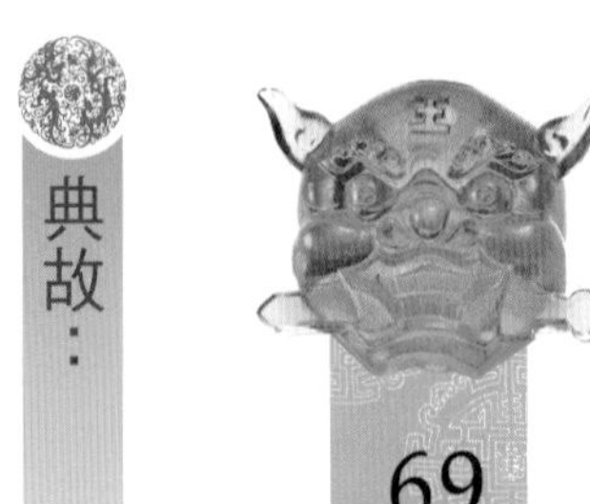

69、自在觀音

典故：

自在觀音一改佛教造像直立或打坐的塑形成規，其法相右腿曲蹲，左腳輕踏荷葉，重心落在左胯，右手微抬微翹，左手為支撐點，展現出無拘無束、自由自在的禪意，傳說因為這樣的姿態出色地突現了觀音流暢的線條和優美的身段，使人們忘卻了祂本來的名字，親切地稱祂自在觀音。

化煞效果：

家中擺放自在觀音可以開運消災解厄、趨吉避凶、護佑身心、快速淨化負能量、強化吉祥磁場、趨小人避邪魔、化煞轉禍為福、消除年災魔難，還可以化解陰煞、棺材煞等屋宅煞氣。

開運化煞方式：

屋宅前方有棺材煞，災禍相繼跟過來

房子的前方有一長型屋宅橫過，或者直沖門前，或者房屋形態特殊如棺材型者，即是俗稱的棺材煞。家中門前或屋後等有棺材煞，出外容易發生意外凶災、橫禍、血光、損人丁以及家道日漸凋零。

1、棺材煞如果在天運生旺方，可聘請高明風水師以行官發財之禳法化解，但要配合宅卦和主人本命配卦，合天星奇門遁甲、六十四卦及天星法諏吉日以為藏朔點神，與天地同德，與日月同明，與鬼神合其吉凶，如此化煞又旺財，一舉兩得。

2、屬於個人車庫或者可以移動拆除的建物，就要盡速處理。

3、安置自在觀音菩薩神像，以為救苦救難，升官發財。

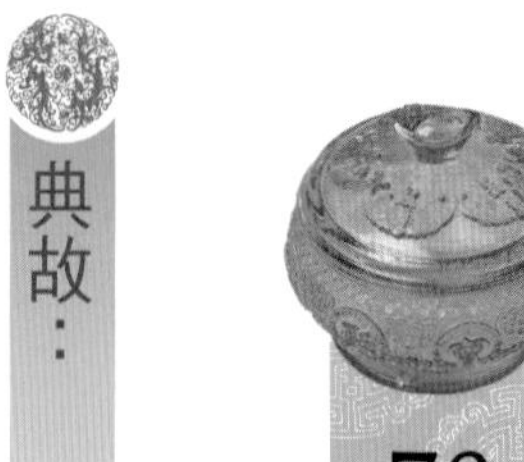

70、水月觀音

典故：

水月觀音其形像有多種，有一種是站立在蓮瓣上，蓮瓣則漂浮在海面，觀世音正在觀看水中之月，另一種是以蓮花坐姿趺坐在大海中的石山上，右手持未敷蓮花，左手作施無畏印，且掌中有水流出，此外又有坐相、三面六臂相等諸多法相。其所以命名為水月觀音的緣由，也有各種不同的說法，有的說法是因為其形像作觀看水中之月狀，也有說是由於其形像浮在海上，猶如水中之月云云。

《智度論一六》：「解了諸法，如幻，如焰，如水中月⋯⋯。」按照佛理的解釋，凡是世間的一切事務，都跟反映於水面的月影一般，亦就是空無一物，隨緣而過，隨遇而安。

化煞效果：

家中擺放自在觀音可以開運消災解厄、趨吉避凶、護佑身心、快速淨化負能量、強化吉祥磁場、趨小人避邪魔、化煞轉禍為福、消除年災魔難，還可以化解陰煞、棺材煞等屋宅煞氣。

開運化煞方式：

陽宅五行之火型煞最凶惡

住宅正面或側面，只要是發現火型三角尖煞為凶，建築物形狀成銳角多邊，屬於火型煞。如顏色又呈現紅色、黑色，則危害更大，如果屬灰色、白色，凶性較輕，選購住宅居家，不可不慎，如有火型沖射，以沖射方位斷吉凶。

1、地方適合置魚缸，內中須放些許湖水或海水才有靈動力，或者是場地比較大的住宅可做水池、游泳池，如在北方則可形成「水火既濟」反而使對面居家店面更加興旺。

2、最好配合元運卦氣，準確的將魚缸置於適當卦位，一方面可以化煞，另一方面可以催財。或在居家之生旺方或先天卦氣位置按置水月觀音或龍印來制火化煞，要以場地大小，以及主事者本命卦氣、陽宅立向喜忌來做決定。並以奇門天星配合六十四卦天星照臨方位來選擇吉日吉時安放。

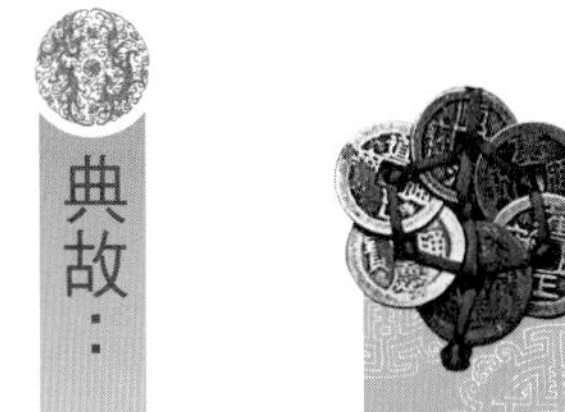

71、送子觀音

典故：

觀世音菩薩有三十二種化身，因應眾生的需要而現身說法，送子觀音也是觀音應化的其中一相，送子觀音俗稱送子娘娘，是以觀音菩薩懷抱幼童做為造像。《普門品》中記載祈求觀音大士，設欲求男，禮拜供養觀世音菩薩，便生福德智慧之男，設欲求女，便生端正有相之女，善男信女至誠皆有感應。故許多婦女，皆向觀音菩薩求禱，希望能有子嗣。

《異祥記》中記載：「南朝宋代有個名叫卞悅之的居士，行年五十，沒有兒女，娶妾幾年，也沒有懷孕，便向觀音菩薩祈求繼嗣，發願頌《觀音經》一千遍。從此卞悅之每天頌《觀音經》，將滿一千遍時，妾已懷孕，不久便生下一個兒子。」

開運效果：

產婦可用琉璃精製之觀音送子以利生產，給祈求子嗣的人能夠傳宗接代，以寄寓求子之意，更祈小兒長命百歲、幸福安康。

開運方式：

觀音求子法

1、必須先請功力深厚且有經驗的法師為您的琉璃精製送子觀音做開光點眼及請神加持才會有靈動力的產生。

2、是以房屋的坐向方位並以中天人倫法擇取房門之納氣再配合催丁之法並以及夫妻的八字中判定吉祥的位置，請地理師或命理師以玄空大卦及奇門天星擇日法為您佈局並重新按床和納氣與諏選良辰吉日，如此才能得到求子的功效。

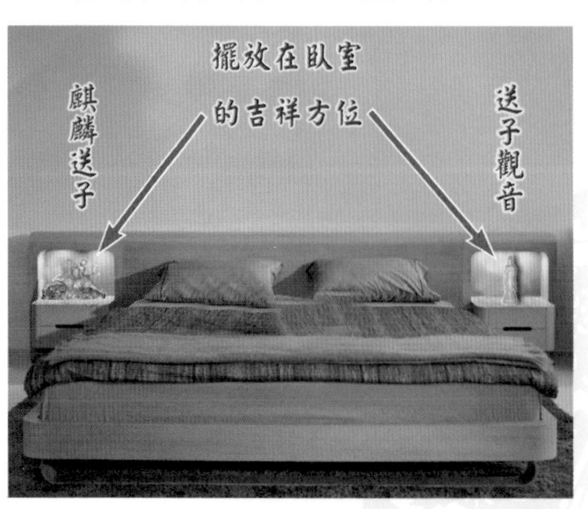

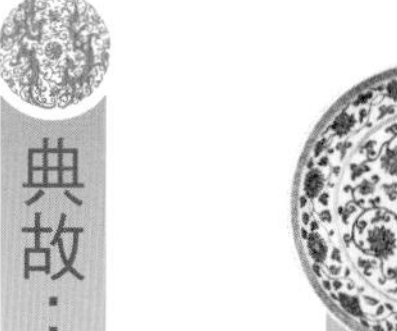

72、麒麟送子

典故：

據傳孔子也為麒麟所送，孔子在出生之前，有一麒麟來到他家院裡，口吐玉書。玉書記載著這位大聖人的命運，說他是王侯的種子，卻生不逢時。這是著名的「麟吐玉書」的故事。

孔子出生後，也被稱為「麒麟兒」。有杜甫詩為證：「君不見徐卿二子生奇絕，感應吉夢相追隨，孔子釋氏親抱送，並是天上麒麟兒。」後來，人們將別家的孩子美稱為「麒麟兒」。

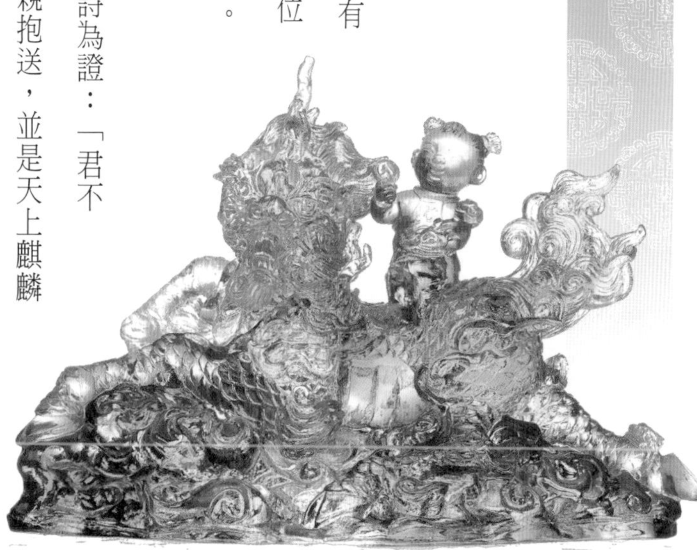

開運效果：

家中擺放麒麟送子，可以增進求子的願望。

開運方式：

麒麟求子法

1、必須先請功力深厚且有經驗的法師為您的琉璃精製麒麟送子做開光點眼及請神加持才會有靈動力的產生。

2、是以房屋的坐向方位及夫妻的八字和房床的納氣配合中天人倫法安床判定吉祥的位置，請地理師或命理師以玄空大卦及奇門天星擇日法為您佈局與諏選良辰吉日，如此才能得到求子的功效。

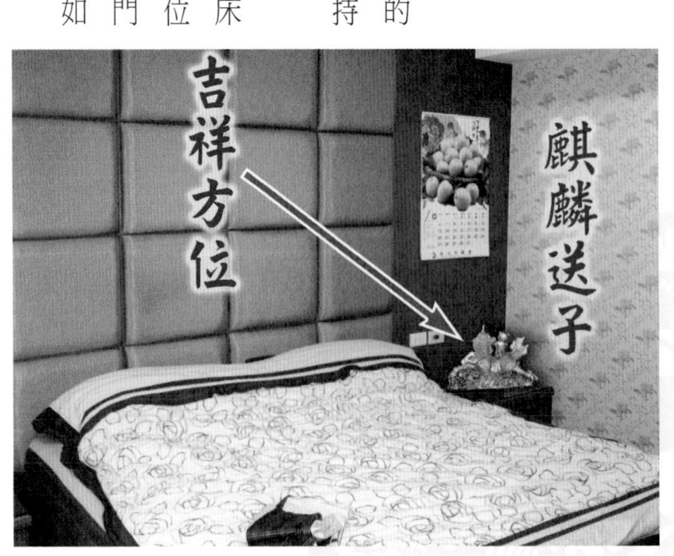

73、蓮花童子

典故：

蓮花童子的「蓮花」二字，表示清淨，出污泥而不染，而「童子」二字則表示純潔以及清淨法身，這一形象源自佛教「鹿母蓮花生子」的故事，蓮花童子手持如意、文昌筆、硯台、福袋、文昌塔，代表崇尚多子多福、人丁興旺的表徵，並為童貞赤子之心，使小孩不易學壞或結交惡友而如蓮花出污泥而不染，遠離惡友，因此蓮花和童子都成了包孕著生命希冀和幸福企盼的吉祥物。

化煞效果：

蓮花童子擺放家中可改善小孩不好學以及誤交損友等情事。

改善小孩誤交損友

1、必須先請功力深厚且有經驗的法師為您的琉璃精製蓮花童子做開光點眼及請神加持才會有靈動力的產生。

2、必須以房屋的坐向配合擺放之人八字，請地理師或命理師以玄空大卦及奇門天星擇日法為您佈局與諏選良辰吉日，如此才能得到讓家中小孩正向改變的靈動力。

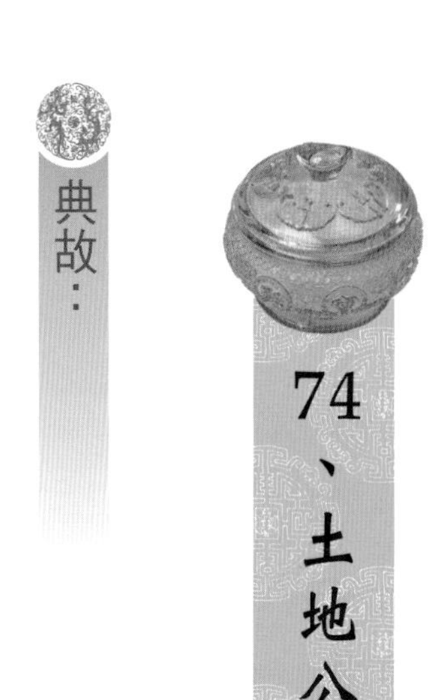

74、土地公

典故：

土地神乃中國民間信仰普遍的神祇之一，主要流行於漢族地區及部分受漢文化影響的民族也有信仰。土地神屬於民間信仰中的地方保護神，在中國傳統文化中，祭祀土地神即祭祀大地，現代多屬於祈福、求財、保平安、保農業收成之意。土地神也是道教諸神中與人民較親近的神祇，又如地方之褓母一般。

土地公又稱福德正神，是掌管土地的神，所以有「田頭田尾土地公」的俗諺。台灣民間除了廟宇、家中供奉土地公之外，一般商店也供奉土地公為財神，每逢初二、十六「做牙」祭拜土地公，希望能庇佑生意興隆，商人所供奉的土地公通常手持元寶象徵財富。

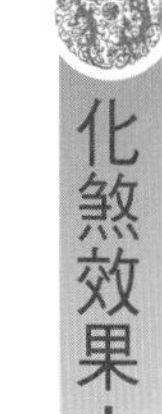

化煞效果：

家中擺放土地公可得祈福、求財、保平安、保農業收成、庇佑生意興隆之靈動力。

開運化煞方式：

福德雙全開運法

1、必須先請功力深厚且有經驗的法師為您的琉璃精製土地公做開光點眼及請神加持才會有靈動力的產生。

2、必須以房屋的坐向配合擺放之人八字，請地理師或命理師以玄空大卦及奇門天星擇日法為您佈局與諏選良辰吉日為之安奉，如此才能得到祈福求財、保佑平安、庇佑生意興隆的靈動力。

75、藥師如來佛基

典故：

藥師佛又稱藥師如來、藥師琉璃光佛、藥師琉璃光如來，為佛教東方淨琉璃世界之教主。以琉璃為名，乃取琉璃之光明透徹以喻國土清靜無染。藥師如來為眾生拔苦免難，特別是貪、瞋、痴等妄念，由於眾生心理方面有如此多的煩惱，因而導致生理方面有許多疾病和身心失調，使身體備受病苦折磨。藥師佛的願力是要消除這些煩惱，使人免於遭受疾病纏身，消滅痛苦，滅除災難，健體延壽。

化煞效果：

1、藥師如來佛基可使人免於遭受疾病纏身，消滅痛苦，滅除災難，健體延壽，助旺造福基者元辰旺盛生機盎然。

2、現時因寸土寸金，很多家中之擺設已經沒法再供奉藥師佛佛基者，可以到廟宇、寺廟、宮壇安奉，佛基內置人之頭髮與手腳指甲和人之出生年月日時（需用紅紙包之），並以五色線和藥師佛經文於內。

開運化煞方式：

1、藥師如來佛基以生辰八字、大運、喜忌、流年、吉凶等，補其八字五行之不足，再配合藥師如來之光明透徹及清靜無染，來助旺造福基者元辰旺盛，生機盎然。

2、必須以房屋的坐向配合擺放之人八字，請地理師或命理師以玄空大卦及奇門天星擇日法為您佈局與諏選良辰吉日，如此才能得到藥師如來佛願力的靈動力。

76、地藏王佛基

典故：

地藏王與觀音、文殊、普賢合稱佛教四大菩薩之一，深受世人敬仰，在釋迦牟尼佛涅槃後至彌勒佛降生人間前這段時間內，六道一切眾生皆由地藏菩薩來教化。祂無數次發出無以復加的大悲弘願，自誓渡盡六道一切眾生自己最後成佛：「地獄未空，誓不成佛；眾生渡盡，方證菩提」，故被尊稱為大願地藏王菩薩。

地藏王菩薩，又稱幽冥教主，或稱酆都大帝，簡稱地藏王，地藏王在道家說法其統裁十殿閻羅王，並且檢察世人在生前的善惡，所以民間所有弔祭死者的亡魂，必先祀幽冥教主。所以一般在民間舉辦喪事、清明掃墓、過中元節、超渡法會等，常供奉地藏菩薩，以祈求亡者得渡。另外，在墓地、靈塔，或是戰亂、事故頻發之地，人們往往建築寺廟祭拜地藏，希望地藏王菩薩保佑生人、超渡亡靈。

化煞效果：

家中擺放地藏王佛基，可以讓您平安吉祥，消災解厄，消除業障，化解家中不良之陰氣。

開運化煞方式：

1、地藏王佛基以生辰八字、大運、喜忌、流年、吉凶等，補其八字五行之不足，再配合地藏王佛基之大悲弘願與度化劫數之願力，來助旺造福基者元辰旺盛，生機盎然。

2、現時因寸土寸金，很多家中之擺設已經沒法再供奉地藏王佛基者，可以到廟宇、寺廟、宮壇安奉，佛基內置人之頭髮與手腳指甲和人之出生年月日時（需用紅紙包之），並以五色線和地藏王經文於內。

3、必須以房屋的坐向配合擺放之人八字，請地理師或命理師以玄空大卦及奇門天星擇日法為您佈局與諏選良辰吉日，如此才能得到地藏王佛基的靈動力。

77、武財神佛基

典故：

武財神趙公明尊稱為金龍如意正一龍虎玄壇真君，人稱玄壇真君、玄壇元帥，趙玄壇，武財神使九節鞭，以黑虎為座騎。玄壇元帥統領「招寶天尊蕭昇」、「納珍天尊曹寶」、「招財使者陳九公」、「利市仙官姚少司」四位神仙，合稱五路財神，專司迎祥納福，統管人世間一切金銀財寶。

化煞效果：

家中擺放武財神佛基，可以讓您正財偏財皆興旺，五方財源滾滾而來，財源廣進運途亨通以及助旺造福基者元辰旺盛生機盎然，還可以化解屋宅的火形煞氣。

三角型的辦公大樓造成破敗之局

1、三角型的辦公大樓造形成三角尖，在風水的觀點「三角六尖」屬破敗之局，三角形在五行中屬火，擁有較為強盛的力量，並且不容易被控制，屋宅容易衍生出是非、破耗、損財，是非常不吉的造型。

2、將主要的功能區設在三角形的底部。利用空間規劃，盡可能將三角六尖的地方隔離，再設計出方形的空間做為主體的使用空間。

3、可將倉庫、機房、停車場等安排在剩餘的不規則區域，既利用了空間，又避免了沖煞。

4、在三個尖角的地方如環境許可的話，可以種植高大的樹木，通過樹木光合作用所釋放的能量促進氣場的流動，在美化環境、淨化空氣的同時，也減弱了尖角的沖煞。

5、在屋內吉祥之方位安奉武財神爺，可化煞為權，藉權為用，而轉化為可賺錢之吉宅，則可轉敗為勝而大賺特賺，因為財神爺喜歡火旺之地。

78、黃財神

典故：

黃財神，密教之護法神祇，諸財神之首。黃財神是多聞天王的化身，在西藏密宗，寶塔變為吐寶鼠，黃財神是藏傳佛教各大教派普遍供養的五姓財神之一，因其身相黃色，故稱黃財神，修持黃財神法、持誦其密咒，可獲得黃財神庇，佑能增長福德、壽命、智慧、物質及精神上之受用，不被生活所逼，以及一切經濟壓迫，可安心向道。但修法者需發無上菩提心，廣結善緣，勤行佈施。萬勿慳貪成性，護法降罪也。

開運效果：

家中擺放黃財神佑能增長福德、壽命、智慧、物質及精神上之受用的無形靈動力。

開運方式：

1、若在客廳擺放黃財神以及四方各按放一隻十二生肖琉璃精製之咬錢金鼠（吐寶鼠），可收招財進寶之靈動力。

2、必須以房屋的坐向配合擺放之人八字，請地理師或命理師以玄空大卦及奇門天星擇日法為您佈局與諏選良辰吉日，並將黃財神之密咒加入，如此才能得到黃財神的無形靈動力。

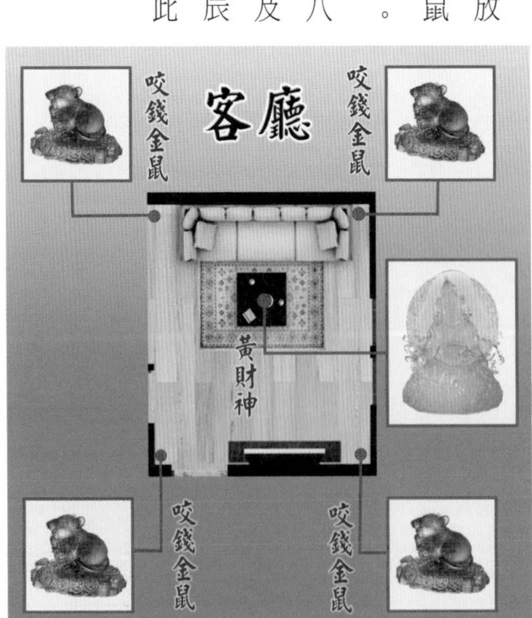

79、五行五靈圖

典故：

中國古代的五靈是「青龍、白虎、朱雀、玄武、麒麟」，據《春秋序》載：「麟、鳳、龜、青龍、白虎五者，神靈之鳥獸，王者之嘉瑞也。」五靈配五方，其中麟顯中央、龍騰東方、虎處西方、鳳居南方、龜現北方。其後又演變成東方青龍、西方白虎、南方朱雀、北方玄武的天文四象，所以將五靈擺放在家中是富貴吉祥的象徵。

化煞效果：

家中擺放五行五靈圖可助增加旺氣或五行陰陽偏枯而不能相生者以來使之五行相生、催生旺氣、鎮宅化煞、招財納福之效。

開運化煞方式：

五行五靈增強旺氣法

1、五行五靈圖增加家宅祥瑞之氣，具有催生旺氣、鎮宅化煞、招財納福之強大靈動力。

2、必須以房屋的坐向配合擺放之人八字，請地理師或命理師以玄空大卦及奇門天星擇日法為您佈局與諏選良辰吉日，如此才能得到五行五靈圖的無形靈動力。

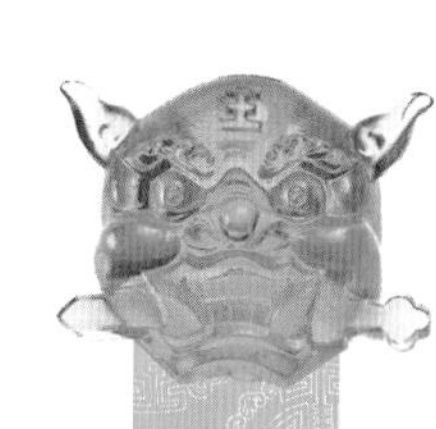

80、五福臨門圖

典故：

五福臨門圖中間五隻蝙蝠，象徵富有幸福，它寓意幸福會像蝙蝠那樣從天而降。五個蝙蝠分別代表了：「福、祿、壽、喜、財。」福意為幸福美滿，祿意為高厚祿，壽意為健康長壽，喜意為歡樂喜慶，財意為發財富有。

開運效果：

家中懸掛五福臨門圖可讓您開門見喜五福，

可以增強財源廣進、福壽雙全、招財進寶的無形靈動力。

開運方式：

五福臨門開運法

1、新屋入宅可在家中懸掛五福臨門圖讓您開門即見喜，帶來財源廣進、福壽雙全。

2、店家懸掛五福臨門圖，可以帶來財源廣進，大發利市。

3、必須以房屋的坐向配合擺放之人八字，請地理師或命理師以玄空大卦及奇門天星擇日法為您佈局與諏選良辰吉日，如此才能得到五福臨門圖的無形靈動力。

81、一路蓮發功德圓滿

典故：

一路蓮升，花開富貴，佛指飽滿一手掌握形似一朵盛開蓮花，並蒂彩蓮，隨波搖逸，使您的事業、財運、貴人有如佛指，一手掌握一路蓮發財源而達花開富貴皆大歡喜、好事成雙之意象。一路蓮升之典故源自康熙盛世國寶一路蓮升鳳尾尊，是中國瓷器史上絕無僅有的吉祥文化代表之作，雍容華貴，富麗堂皇。一路蓮升鳳尾尊因其繪畫中暗含仕途、財運步步高升之意，一直被官場和商界視為名瓷饋贈的不二之選。

而琉璃雕塑打磨的一路蓮發功德圓滿寓意好運連連，收藏富貴送上吉祥，使您一路連升，不斷突破，形成一幅美麗開運精品。

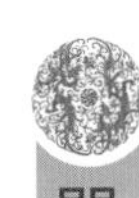

開運效果：

家中懸掛一路蓮發功德圓滿可以帶來一路連升、連發圓滿之福氣迎門。

開運化煞方式：

一路連發圓滿開運法

1、家中懸掛一路蓮發功德圓滿可以帶來一路連升、連發圓滿之福氣迎門。

2、必須以房屋的坐向擇取財位並配合擺放之人八字喜用神和財位，請地理師或命理師以玄空大卦及奇門天星擇日法為您佈局與諏選良辰吉日，如此才能得到一路連發的無形靈動力。

82、開運風水油畫

典故：

開運風水油畫依照住宅座向和家中大門口與房間門口之納氣口為基準，在根據主事者之八字五行喜忌，然後配合陽宅堪輿學以及易經六十四卦之卦象、先天卦氣、後天卦運，以油畫寫真方式將風水之術融入畫中，展現出朝氣蓬勃的生命力，畫中意境日麗當中象徵紫氣東來，山有情，水有意，九如蓮發而利於不敗之地，並流注五方水入湖，有如五方財入庫，天有飛鵬展翅高飛，意取飛鴻騰達鷹揚天下之境界，形成一

幅詩中有畫畫中有詩的寓意及美麗的畫件。

開運效果：

開運風水油畫可以增強工作貴人運、提升人際關係、強旺運勢、改變家運的靈動力。

開運化煞方式：

玻璃反光脾氣暴躁

1、住宅面對的大廈，其外牆全是由鏡面、玻璃組成，鏡面受陽光照射後強光反射到屋內，犯之主脾氣暴躁、血光之災。

2、一般反光煞的化解，可在正對著反光的玻璃窗貼上不透光的磨砂膠片。

3、並可置一山水畫以收盡其反光煞。

4、開運風水油畫必須依主事者與家宅坐向納氣之卦象而量身訂製繪畫。

5、必須以房屋的坐向及納甲氣法，配合擺放人八字，請地理師或命理師以玄空大卦及奇門天星照臨擇日法為您佈局與諏選良辰吉日，如此才能得到開運風水油畫的無形靈動力。

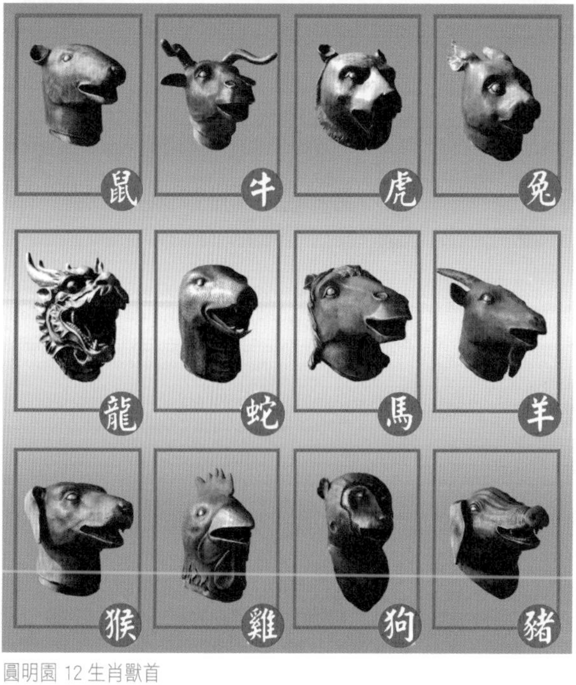

圓明園 12 生肖獸首

83、十二生肖

典故：

十二生肖的文化深入民間生活，十二生肖依照年序更替，每十二年輪一次，象徵新的一年將會「一元復始，萬象更新」。以術數的觀點論之，透過天干與地支的交互搭配，並依此分列年份，讓不同的年份對應著不同的生肖，便會衍生出不同的性格。

華夏先祖創造了十二支及十二生肖文

化，殷墟出土的甲骨文中，已發現干支文字，十干即甲、乙、丙、丁、戊、己、庚、辛、壬、癸，十二支即子、丑、寅、卯、辰、巳、午、未、申、酉、戌、亥，殷商時已有利用這十天干和十二地支組合成六十周期的曆法，成為六十甲子。中國除了用生肖紀年外，還用與之相應的十二支配成六十甲子以為紀年、紀月、紀日、紀時（時辰）、紀事之用。

開運效果：

家中及辦公室擺放十二生肖之三合或六合，可以增加招貴人、強旺運勢、改變家運、招財進寶的無形靈動力。

開運化煞方式：

十二生肖三合開運招貴人法

1、三合生肖：

鼠（子）龍（辰）猴（申）

牛（丑）蛇（巳）雞（酉）

虎（寅）馬（午）狗（戌）

兔（卯）羊（未）豬（亥）

2、每一個生肖都有它的三合，寅午戌、亥卯未、巳酉丑、申子辰，這四種組合，當我們把這組合連接起來，我們發現會成為一個正三角形一二〇度，剛好可以把這個圓撐起來，因為力學一二〇度最穩，所以三合會有一個強大穩固的力量。然而生肖有相沖、相剋、相害、相刑，所以三合後的靈動力，就產生了對您個人的運勢具有無窮協助的靈動力。要如何避開不好生肖呢？以下教您一個秘法。

3、例如：生肖屬蛇之人，它的三合生肖是屬牛、屬雞，所以就要選擇蛇、牛、雞的琉璃生肖，然後量好三種生肖的距離，先將紅絲線朝著牛身上繞一圈，接著再朝雞的身上也繞一圈，然後兩頭紅絲線拉回蛇的身上綁好，這樣就能把貴人拉到您的身邊，同時也隔開相沖、相剋、相害、相刑的生肖，使您的運勢更加順心如意，對於姻緣、事業皆有所幫助。

84、關聖帝君

典故：

關聖帝君又稱協天大帝、關公、恩主公、關帝爺、聖帝祖、文衡聖帝、帝君祖或尊號為玄靈高上帝、伏魔大帝、蓋天古佛。關聖帝君，原為儒家所敬仰，逐漸成為民間信仰，軍人奉為武神，警察供奉為執法公正不阿之神，商人敬為守護神，而儒家尊之為聖，佛教稱為護法，主察人間善惡。

在華人民俗中關老爺是代表職業正義的化身，傳說關公擅長簿記方法，所以人們認為信奉關公能保護商業利益，故是為商人的守護之神，而後，又加上關公曾經被曹操賞賜上馬一提金，下馬一提銀，也不為所動，為人尚忠義，講信義，童叟無欺，所以也被世人尊稱為武財神，但是在封神諸仙傳並不見有武財神之封，筆者認為應是商人的守護之神。

開運效果：

1、安奉關聖帝君可帶來鎮宅避邪、護佑平安、招財進寶、財源廣進的無形靈動力。

2、關聖帝君是正義之神，代表經商童叟無欺，所以商家及商會都喜愛供奉關聖帝君，有道是「人無信則不立」，所以華人做經商做生意的精神，講的就是正義公正，決不幹背信棄義之事，故奉之為守護之神。

開運化煞方式：

關聖帝君招財進寶不論店家、辦公室或家宅都可以供奉或擺放關聖帝君，但是必須以房屋的坐向配合擺放之人的八字，請地理師或命理師以玄空大卦及奇門天星擇日法為您佈局擺放與諏選良辰吉日，如此才能得到關聖帝君公平正義的無形靈動力來護佑。

85、牛勢沖天

典故：

在紐約華爾街上有一地標為銅牛，因紐約華爾街的牛，象徵股票上揚，牛在攻擊敵人時，是牛角由下往上頂，這代表多頭市場，而牛在拖車拉貨車或農作物時亦是頭由下往上微揚，故象徵舉重上揚、務實有勁及經得起考驗的多頭現象。而熊代表空頭市場，因熊掌攻擊獵物時，是由上往下攻擊，身體站立，抓獵物時候，身體往下壓故有下跌之涵意。

開運效果：

1、牛勢沖天意指扭轉乾坤、扭轉財運，及從危險劣勢中開創新局面，反敗為勝，讓您財源滾滾來！牛市上揚吉利旺市！股市好幫手，祝您股票賺大錢。

2、且牛為丑而丑又為天魁、天乙貴人出入之門戶，故到最後將可贏得否極泰來而經得起考驗，使您的事業財運一路上揚贏贏贏、發發發、沖沖沖，財氣旺翻天，鈔票滾滾而來。

開運方式：

牛勢沖天財運一路上揚法

1、若將牛勢沖天放在您家的生旺卦位，如此將可得到其無形的靈動力，讓您一發如雷而直沖九霄。

2、必須以房屋的坐向及先天卦氣後天卦運，配合擺放之人八字之正偏財位又是其人之喜用之方位，請地理師或命理師以玄空大卦及奇門天星擇日法為您佈局與諏選良辰吉日，如此才能得到牛勢沖天的無形靈動力。

86、鷹揚天下

典故：

莊子逍遙遊篇，描述鯤曰：「北冥有魚，其名為鯤，鯤之大，不知其幾千里也。化而為鳥，其名大鵬，鵬之背，不知其幾千里也。」「故九萬里，則風斯在下矣，而後乃今培風。」所以鵬要飛上幾萬里的高空，風就在下面（負載鵬翼），然後才能乘風。所以鷹揚天下以金鷹展翅為造型，象徵俯視群倫的磅礡氣勢，展現大鵬展翅一飛沖天的英姿，比喻前程遠大，前途不可限量，帶您事業上有高度、有氣度，天地與我一起並生，萬物與我合而為一之能量。

開運效果：

放置鷹揚天下可以提升工作運勢、讓業績一飛沖天。

開運方式：

鷹揚天下開運法

1、鷹揚天下可幫事業通達，創業一飛沖天，經商大獲成功。

2、鷹揚天下放在辦公桌上，讓您勾畫出天空的輪廓，壯志在胸，為您的理想揮動翅膀，凌雲而起直衝雲霄，奮勇前飛，張開雙手，迎向成功的未來，達成愉悅無限，雄風大展的效果。

3、凡是事業遇到瓶頸而欲進不能欲退不行，拓展無利而受阻之時可用之。

87、天師鍾馗

典故：

鍾馗是古代著名抓鬼大師，又稱為伏魔公、伏魔爺、或鍾馗爺。道教信仰中以伏魔大帝關聖帝君、蕩魔天尊真武帝君，與驅魔真君鍾馗帝君，合稱為三伏魔帝君，為降妖伏魔的三大神祇。

鍾馗其源流由來說法甚多，一說鍾馗形象是源自上古《大儺》中的面具形象演變而來。《左傳·定公四年》記商朝遺民七族中，有「終葵氏」，終葵即「椎」的分解音，終葵氏即以椎驅鬼之氏族也。後世遂以「終葵」為避邪之意，逐漸演變為「鐘葵」、「鍾馗」。

另一說是唐玄宗病中夢見小鬼偷去玉笛和楊貴妃的繡香囊，正當值怒時見一滿面虬髯大鬼，挖下小鬼的眼珠吞掉，此鬼自稱南山鍾馗，高祖年間應考武舉人，但因其貌不揚落第，羞憤撞殿前石階而死。唐玄宗醒來後，命畫聖吳道子繪出夢中所見的鍾馗像，頒佈天下。

鍾馗抓鬼之說盛行後，鍾馗畫像開始被當作門神來驅邪避凶，民間也廣泛流傳春節和端午時，掛上鍾馗畫像避邪。跳鍾馗是早期台灣中元普渡或新廟落成、開廟大門時常見的民俗活動之一，此一信仰習俗從先民至台灣奮鬥的過程中，大大地撫慰了許多不安惶恐的心，使人們能安居樂業

化煞效果：

擺放天師鍾馗可以驅邪避凶、收妖伏魔，還化解陰煞、五黃煞、流年三煞等宅中的煞氣。

開運化煞方式：

天師鍾馗化煞法

1、必須先請功力深厚且有經驗的法師為您的琉璃精製天師鍾馗做開光點眼及請神加持才會有無形靈動力的產生。

2、必須以房屋的坐向配合擺放之人八字，請地理師或命理師以玄空大卦及奇門天星擇日法為您佈局與諏選良辰吉日，如此才能得到天師鍾馗驅邪避凶的靈動力。

88、冰晶

典故：

冰晶（Selenite）的原文源自於古希臘文的「Σελ.νη」，即「selenes」是「月亮」的意思，而月亮女神「阿耳忒彌斯」被尊為希臘的三大女神之一，由此可見希臘人對月亮的崇拜及喜愛。號稱月亮之名的冰晶，被古希臘人尊作月亮女神阿耳忒彌斯所賜下的月光精華，希臘人相信月光的能量能治癒一切的身心靈上的疾病，並能開啟人潛在的智慧及力量，因此相信如月光般具有其朦朧透明質地的冰晶可以大幅度提高一切的預感先知能力及洞悉力，是一把開啟人體內在潛能量寶庫的鑰匙。

開運效果：

冰晶能夠增強招財進寶的靈動力，開啟潛在的智慧及力量，建立無形的保護力場，助旺事業飛黃騰達。

開運化煞方式：

月光招財進寶法

1、冰塊結晶的透明力量，可以協助持有者看清事情的真相，可以開啟人內在能量的寶庫，並能持續增加潛能的極限，讓智慧及力量都能不斷的持續超越舊我、超越顛峰。

2、月光精華般的朦朧質地，可以釋放身心靈的壓力，建立無形的保護力場，具有平衡正負、導正陰陽的治癒性、防禦性力量及化解內心壓力的憂鬱之象，可以改善環境的磁場。

3、放在家中可讓企業老闆、主管、政務主管，官運光明順利，事業飛黃騰達。

4、置於營業場所收款機旁，或是置於辦公室之辦公桌，可招財進寶，財源廣進。

89、雄雌黃同體

典故：

雄黃（Realgar），化學式 As_4S_4；雌黃（Orpiment），化學式 As_2S_3。雄黃又稱石黃或雞冠石，為橙紅色至紅色的硫與砷化合物，由於常與雌黃共生在一起，因此兩者又被稱作「礦物鴛鴦」。除了與雌黃的共生之外，雄黃還偶爾會與辰砂、輝銻礦等共生。雄黃在中國歷史上流傳許久，歷年來多用在醫學與藥理方面。雄黃主治解癰毒、驅蛇蟲、除穢、截瘧等，《白蛇傳》中更撰寫以雄黃酒逼白娘子現形，因此民間也在端午節以飲雄黃酒

來達驅邪除穢的。

中國古代紙張泛著黃色，偶有撰寫錯誤，便以粉狀雌黃塗抹修正。《夢溪筆談》即記載：「館閣淨本有誤書處，以雌黃塗之即滅。」成語中「妄下雌黃」、「信口雌黃」就都有隨意改口校正的寓意。雌黃的源自拉丁語中的金色與顏料，由此可見雌黃顏色的綺麗，雌黃同樣是長期被使用的藥材，為中品材料，力主洩燥濕、殺蟲虺、解毒鬱。

開運效果：

雄黃、雌黃主驅邪除穢氣、淨化環境磁場增添祥瑞、增加財運守財聚財。

開運化煞方式：

陰陽雌雄開運法

1、除穢氣、淨化環境力場，並能保持周遭清明，為力量強大的守護石。

2、主驅邪、除穢、辟凶斬陰、正氣、順運、撥亂反正，是力道極強的保護石。

3、是上品的調和劑，可以調理內外能量，改變屋中磁場的能量，增添祥瑞。

4、正意黃色能量為正向的尊貴力量，能消去負面能量，如陽光融雪般施行淨化。

5、雌黃的金色能量有聚財的功能與雄黃橙紅色而相映成金碧輝煌燦爛奪目，增加正能量的磁場，達成陰陽和諧共生、共益、共贏的格局，並而達到除陰避邪驅穢、旺財、守財、生財、聚財的能量。

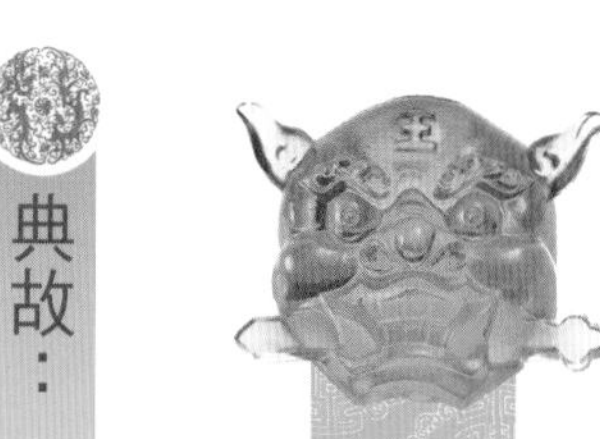

90、吸金石

典故：

吸金石（Pyrite），化學式 FeS2 又稱為黃鐵礦，乃黃金之母，黃金、鉑金、白銀均產其中。有道是：「黃金有價石無價」，是華夏賞石文化中的瑰寶。吸金石集天地之靈氣、晶瑩璀璨，趨吉避凶、鎮宅避邪。既可怡悅性情又能保值增值，還可做家居擺設。

吸金石的自然形成，決定了每塊吸金石的形態與品味的獨一無二，乃是可遇不可求的收藏品。

開運效果：

吸金石具有趨吉避凶、鎮宅避邪的功效，還能增強旺財、守財、生財、入財的無形靈動力。

避免爛桃花催旺財氣法

1、在對方的生肖桃花位上，壓上一塊吸金石，就可以壓住對方的爛桃花並且催動財氣，進而達到預防爛桃花而催旺財運的效果，因桃花又主財又主人緣。

2、如果擔心自己可能也會遇到爛桃花，也可以在自己的本命桃花位壓上吸金石，也能達到同樣的效果。

3、在壓上吸金石時，也可以先在底下墊一張紅色錦布，上面畫上心心相映，選擇在月圓的時候把心心相映紅錦布壓在枕頭下，除了能強化壓制桃花的效果之外，更有夫妻心心相印、永浴愛河的良好吉祥效應。

91、三元天星綜合羅盤

典故：

指南車為黃帝所發明，是中國四大發明之一，羅盤是由黃帝所發明之指南車延伸演變而來，相傳黃帝大戰蚩尤屢戰屢敗，後來得九天玄女授黃帝兵法及遁甲之術，而大敗蚩尤於逐鹿，以平定天下。

羅盤內之天池有指南針，永遠恆指南北，不受任何天候、氣候和地理環境之磁場及其他因素之影響，這與地球之磁力場的南北極不謀而合，此為天地間神奇之奧妙的地方。

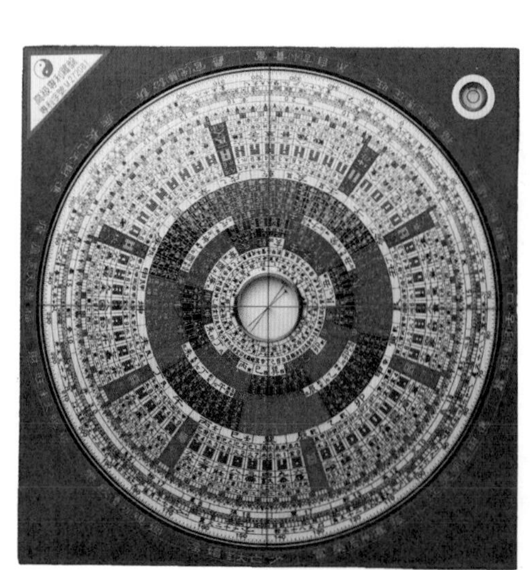

羅經俗稱羅盤，亦是研究堪輿學必備的工具之一，而羅盤內有廿四山，代表廿四個方位，內含先、後天之八八六十四卦，先天卦為先聖伏羲氏所創，後天八卦為周文王所創，而本羅盤亦納有神農之連山、黃帝之歸藏的祕法，盡在盤中展現，不僅如此，盤中又隱含有奇門遁甲之機及並將二十八星宿之開禧度，以現今天文科技之精確排列出，便於能更精準的使用於消砂壓煞法，而周天三六〇度之意涵，是象徵著天圓地方的宇宙之涵蓋。

化煞效果：

自古以來羅經（羅盤）即有被古人認為有壓煞、鎮邪、避禍、趨吉避凶之功能，因此每在建屋蓋廟或官衙之時，必將羅經埋藏於其宅院內，以防受妖魔鬼魅之侵擾，或藉以壓煞、除陰避邪，以確保宅內人口之安寧。

大樓獨高孤立無援如樹大招風

1、如果選在這樣的辦公大樓中工作，容易陷入孤立無援的狀態，生意上難以得到朋友的幫助和扶持，也會使員工的流動性較大，人事無法穩定，很難留住人才。

2、在最高的樓層取一旺氣方配置三元天星綜合羅盤，特別注意凡動工、變動時，一定要以天星奇門遁甲來選擇良辰吉日。

92、葫蘆

典故：

葫蘆的特性是易入難出，葫蘆的口是很窄的，但葫蘆身體卻是寬大的，相傳如果用來收煞氣是最好的，因為煞氣易從嘴入，但要葫蘆倒流出來，卻是很困難的，所以葫蘆有收煞氣的作用，而古代的神話中，葫蘆是用來收服妖魔鬼怪，故現仍用以葫蘆來避邪、收魔伏妖阻擋任何煞氣。亦有「懸壺濟世」之詞，「壺」與「葫」同，又有行醫及與人之健康有關意思。

葫蘆在風水學來說，令人運滯及帶來疾病的星曜，都是五行屬於土的，而葫蘆由兩個圓形的葫蘆身，圓形屬金，可洩化土煞。葫蘆有長久的吉祥吉慶含意，葫蘆在佛道之中也佔有一席之地，如太上老君用於盛仙丹、八仙之李鐵拐的法器，也代表神力，更常出現在祝壽、吉慶的圖案中。

化煞效果：

葫蘆主化煞避邪，可以化解房門對廁所門、房門對廚房門、神堂與浴廁門沖射等屋宅煞氣。

開運化煞方式：

房門對廁所門主泌尿系統不佳

1、房門對廁所門主泌尿系統毛病。

2、房門對廁所門可以用六帝錢加掛長門簾，廁所門兩旁吊掛葫蘆來化解煞氣。

3、葫蘆要經有法力高深的法師請神、加持、開光及玉宸齋特製的中藥淨香末來淨旺，以加強它的靈動力，讓它效應更神速。

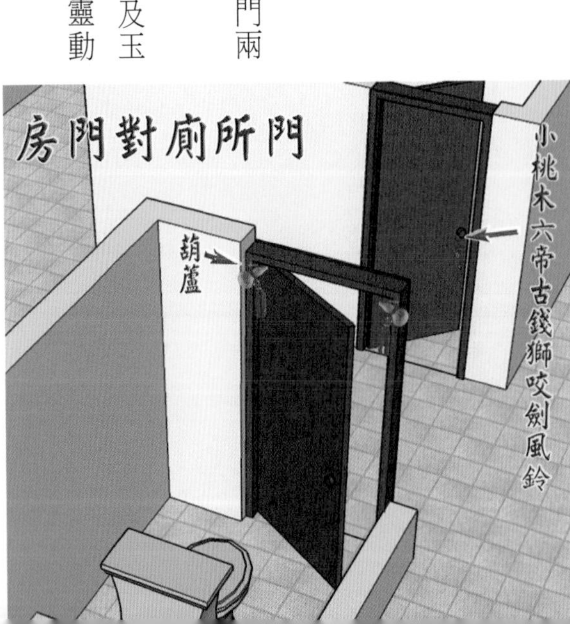

93、桃柳檀木劍雷令寶袋

典故：

禮記云：「王弔則巫祝以桃茢前引以辟不祥。」許慎云：「羿死於桃棓，棓杖也。故鬼畏桃，而今人以桃梗作杙橛以辟鬼也。」博物志云：「桃根為印可以召鬼。」甄異傳云：「鬼但畏東南桃枝爾。」典術云：「桃乃西方之木，為五木之精、仙木也。味辛氣惡，故能厭邪氣制百鬼，故今人門上用桃符以避邪，並可治中惡精魅邪氣，煮汁服用。」

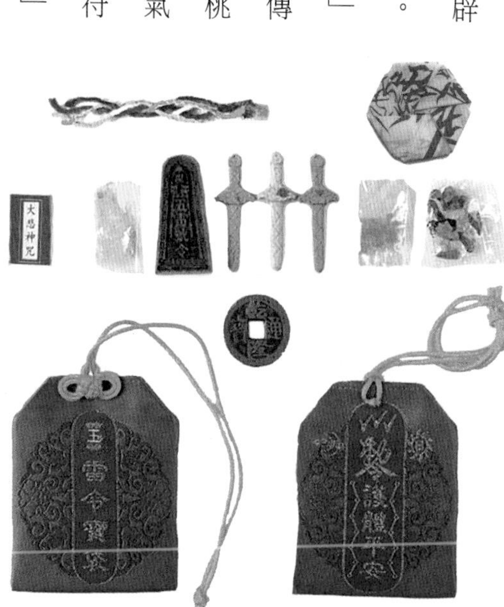

《本草綱目》說：「桃味辛氣惡，故能厭邪氣。」這諸說法都可說明桃可避鬼祟是有其淵源。

柳，釋名赤檉（日華）或赤楊、河柳、雨師、垂絲柳，本草綱目言：「天之將雨，檉先知之，起氣以應，又負霜雪不凋，乃木之聖者也。故字從聖又名雨師，或言檉柳如得雨則垂垂如絲，當作雨絲」，又從三輔故事云：「漢武帝苑中有柳其狀如人號日人柳，一日三起三眠，如此則檉柳之聖，又不獨知雨負雪而已，今又言稱為長壽仙人柳，又名觀音柳，謂觀音菩薩用此灑水也。」宗奭曰：「檉柳一年三秀故名三春柳故常有以柳來練就通靈之術，是為柳靈兒以達耳報之法。」《綱目》：「楊枝硬而揚起，故謂之楊；柳枝弱而垂流，故謂之柳。」

檀，朱子云：「檀善木也，其字從亶，而亶者善也。」內典云：「旃檀塗身能除熱惱。」昂按：「內興慾念，亦熱惱蓋諸香多助淫火，惟檀香不然，故釋氏焚之以供養，諸佛菩薩，以生歡喜之心。」《本草綱目》：「白檀辛溫，氣分藥也。故能理衛氣而調脾肺，利胸膈。」

開運效果：

1、桃柳檀木劍雷令寶袋以向東桃枝及河流旁之向東的柳枝和檀香木，雕刻成劍再加入雷令符牌與五寶，更添驅邪化煞之威力，其壓煞的功能是不管清明掃墓或是探病送喪、出差旅遊或見有普渡、車禍、病喪諸事等，皆不怕鬼魅纏身之擾。

2、桃柳檀木劍雷令寶袋運用在居家風水上，具有鎮宅避邪之效。經常犯小人、官司煩惱不斷的朋友，也不妨試試桃木劍斬妖除小人的力量。

開運化煞方式：

斬除小人開運法

1、可隨身佩帶桃柳檀木劍雷令寶袋以斬除小人。

2、亦可掛於汽車上，以避禍端保行車平安。

3、需請功力深厚有修為的法師以正統道法來開光、加持、點眼，以達到除陰避邪驅鬼的無形靈動力。

94、桃花寶袋

典故：

桃花在中國傳統文化中象徵愛情與人緣，《詩經・桃夭》云：「桃之夭夭，灼灼其華，之子於歸，宜室宜家。」此詩用美麗的桃花比喻新娘。在春節時人們也會擺放桃花以求行桃花運，桃花的花語為：愛情的俘虜，因為桃花能給人帶來愛情的機遇，有了桃花的祝福，人們相信會很快的擁有自己的愛情，所以它的花語是愛情的俘虜。

桃花在中國文學中常用來形容女性的美貌，這也

讓桃花賦予了女人緣的色彩，蘇東坡詩曰：「且看桃花好面皮」，崔護的詠桃花詩：「去年今日此門中，人面桃花相映紅，人面不知何處去，桃花依舊笑春風」，此詩被譽為藉桃花讚譽美人的千古絕唱。此外，人們將少女的臉頰稱為「桃腮」、「桃靨」，把女子的美貌稱為「桃夭柳媚」，女人的胭脂叫「桃花粉」，化妝名為「桃花妝」，自古紅顏多薄命又稱之為桃花命等等，《本草綱目》中記載：「服三樹桃花盡，面色紅潤悅澤如桃花。」

開運效果：

1、桃花寶袋內有桃枝加上紅繩結，象徵吉祥喜慶，姻緣千里一線牽，可以增強異性桃花和人緣桃花，祝願永結同心，還能避邪驅鬼。

2、紅線及鉛錢是祈求月下老人牽紅線，而鉛錢又稱緣錢，取閩南語之諧音，而鉛與緣諧音，象徵廣結善緣，百年好合，鉛與牽諧音，象徵月老牽線。

3、相思豆象徵男女雙方心連心白頭到老，可以增進情誼，得嘗愛情順利，相思豆其外形及紋路，皆為心字形代表心心相印，傳說是心有相思之苦的人，落淚樹下，難以化解，最終凝結而成。

4、五色水晶、五色線、玫瑰鹽、粗鹽有淨化的作用，運用五行相生之能量改變您的磁場，讓您避小人增加人緣桃花，除穢避邪。

5、桃花神符可以催旺桃花人緣、增強異性桃花，楞嚴神咒能驅鬼避邪。

開運化煞方式：

1、使用桃花寶袋可增強異性桃花、增強人緣桃花。

2、可淨化心靈，重新獲得能量，肯定自己、增強自信、提升自我魅力。

3、未婚想覓得良緣之人可以用開運桃花手工皂來沐浴調整身心，隨身還可攜帶桃花寶袋再增強桃花緣份，還可以在居家風水上安置龍鳳呈祥加上邱比特，可增強異性緣，求得天賜良緣，加強濃濃情意，求得陰陽和諧，喜事連連之能量場。

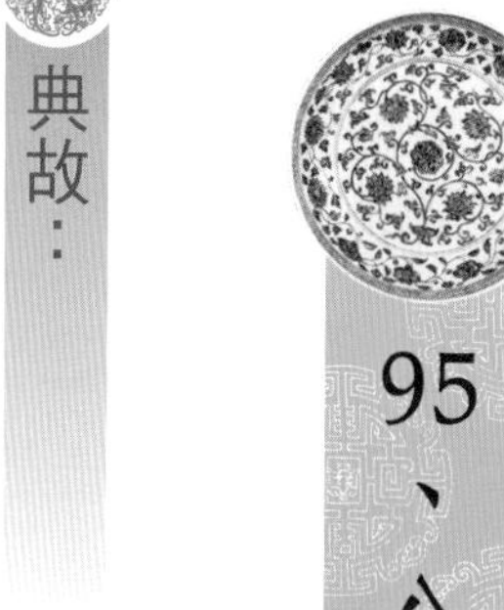

95、八卦平安淨身手工皂

典故：

可用八卦平安淨身手工皂來驅除邪氣、鎮定安神、淨身除穢，其成分包含植物性皂基、艾草、茉草、芙蓉、香茅、薄荷。艾草可活化肌膚與淡斑，並具有消炎、殺菌的效果；茉草可驅除邪氣，具有安神作用；芙蓉有除穢、驅邪與淨身的作用；香茅用於驅除蚊蟲、止癢之效；薄荷可提神、消除疲勞、鎮定安神、殺菌。而八卦也具有化煞除陰及臨制八方之功，本產品皆有檢驗證明無不良成分。

本草綱目記載：「艾以葉入藥，性溫、味苦、無毒、純陽之性、通十二經。」「芙蓉花並葉，氣平而不寒不熱。味微辛而性滑涎黏，其治癰腫之功，殊有神效。」

化煞效果：

八卦平安淨身手工皂可驅除邪氣、鎮定安神、淨身除穢。

開運化煞方式：

1、使用八卦平安淨身手工皂來清潔身體可協助緩和緊張，舒緩壓力與幫助睡眠。

2、可驅除邪氣、淨身除穢，例如參加喪事或到醫院探病容易遇上沖煞不舒服者，回家後可用八卦平安淨身手工皂洗澡淨身。

3、外出旅遊住宿旅店怕遇上邪氣者，可以用八卦平安淨身手工皂洗澡淨身，並可持金光神咒，可驅邪避煞。

4、財神喜淨不喜髒，所以必先沐浴淨身把身體淨洗乾淨，除去身上不潔的穢氣，才能燒香請神迎財神，所以沐浴淨身時宜用八卦平安淨身手工皂淨身，可淨化身靈招財氣哦！

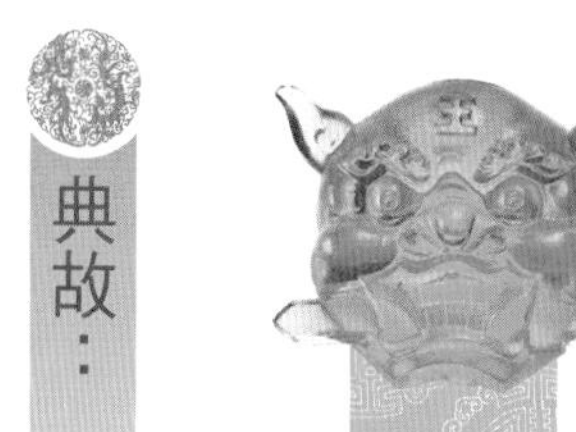

96、開運桃花手工皂

典故：

民間習俗人們將穀雨時節的河水稱為「桃花水」，傳說以它洗浴，可消災避禍，養顏美容，增添人緣。現今穀雨節人們以桃花水洗浴「可入水而浴，汙，不脫自落；病，不除自癒」，這是「三月桃花水」的美妙之處，《本草綱目》中記載：「服三樹桃花盡，面色紅潤悅澤如桃花。」玉玄門開運桃花手工皂取三月桃花水之陰精來開光加持，再加上玻尿酸、維他命E油、玫瑰香精油等天然成分而成，本產品皆有檢驗證明無不良成分。

化煞效果：

開運桃花手工皂可養顏美容、增強異性桃花、增強人緣桃花。

開運化煞方式：

1、使用開運桃花手工皂來清潔身體可撫平細紋，幫助對抗老化肌膚，抑制皮膚黑色素的產生，使肌膚更水嫩青春。可淨化心靈、緩解精神壓力，用天然的方式調整身心，重新獲得能量，肯定自己、增強自信、提升自我魅力。

2、使用開運桃花手工皂來沐浴還可以提升人緣桃花，讓您在人際關係上能左右逢源，人氣強旺。

3、未婚想覓得良緣之人可以用開運桃花手工皂來沐浴調整身心，隨身還可攜帶桃花寶袋再增強桃花緣份，還可以在居家風水上安置龍鳳呈祥加上邱比特，可增強異性緣，求得天賜良緣，加強濃濃情意，求得陰陽和諧，喜事連連之能量場。

97、檀香木開運印鑑

典故：

檀香木古人認為是善木，《本草綱目》：「白檀辛溫，氣分藥也。故能理衛氣而調脾肺，利胸膈。」所以焚之以供養諸佛菩薩，以生歡喜之心，因而開運印鑑若使用檀香木雕製是最適合的，檀香木吉祥開運旺財印章有圓章及方章各一枚，須配合八字喜用以及配合本命八字以奇門遁甲諏取吉課開印，再經加持的符令和三元玄空奇門遁甲吉課配合使用，方可達到事半功倍之成效，以獲取天時之助力，並且將存褶之印鑑改成圓章，不動

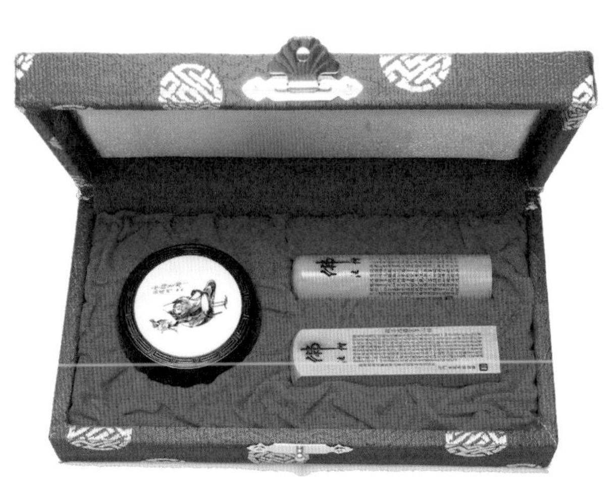

產證明改成方章，如此可助財源滾滾金玉滿堂。

開運效果：

檀香木開運印鑑可以增強招財吉相及文書運，利於簽約、開運。

開運方式：

奇門遁甲開運印鑑諏吉要訣

1、印相須配合八字喜用加以彌補不足之地方。

2、整個印面須符合易經八卦原理之喜用方位。

3、須配合本命八字以奇門遁甲諏取吉課開印。

4、須經加持的符令和三元玄空奇門遁甲吉課配合使用，方可達到事半功倍之成效。

98、植物化煞功能

典故：

化煞功能以動物最多，其次是建築物，器皿再次之。植物也可化煞，如端午節家家門戶插上「艾草」、「菖蒲」都有除邪化煞之作用。「茉草」為客家化煞的一種特定植物，舉凡參加喪禮之後必用「茉草」淨身。

「葫蘆」是太上老君盛仙丹的

法器，代表神力，民間常把傷害人類的「五毒」畫在葫蘆中，藉葫蘆的力量把牠們關起來，不得在人間作祟。仙人掌類帶有刺也可化煞，有解毒制厄之功。其他如桃樹和柳樹也是民間常用制煞之植物。

開運化煞效果：

1、風水植栽如果運用得宜，可以改善財運，求桃花運，化解屋宅煞氣如天斬煞、路沖煞、天煞、鐮刀煞等等。

2、艾草菖蒲可驅邪除穢、茉草驅邪避陰、雞冠花功成名就、仙人掌化煞避邪、開運竹及萬年青開運化煞、桃花招緣分。紫邊碧玉納福接氣、金錢樹招財、大葉綠蘿淨化空氣吸食輻射生旺化煞。

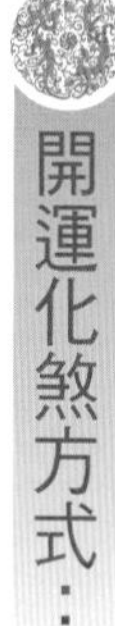

割腳煞

1、屋宅與馬路的距離如果太近了，快速移動的汽車會帶動周圍氣流的運動，這些氣流源源不斷地迅速流過大樓，不僅無法停留，無法被吸收，反而像是割掉了整棟大樓的腳一樣，風水上將這樣的格局稱為「割腳煞」。

2、在陽台或窗口放置3D立體山海鎮及石敢當。

3、靠近水流馬路的地方，種植一些矮矮的圓葉植物或節節高升之植物。

4、最好是把整個住家移離路邊遠一點，並將住宅基址填滿，家住郊外之人方可將住家移動，住在市區因空間及所費不貲，就無法使用此法。

99、淨香末

典故：

人秉氣而生，其中清濁昏明、賢鄙之氣，人的資質、壽夭貴賤，此由而分，大自然生活環境亦同此理，因此氣之聚散絪縕或升降屈伸，或因衡突磨蕩，萬物以其運動變化做為自己存在的條件或形式，而人秉天地五行精英之氣化而生，故以分五臟、五志、五性、五音，貫穿於人體十二經脈，匯注於腦室精神太極之元。

淨香、薰香之要，在於藉其因梵燒而產生氣化，

藉以淨化空間以調節人體生命之基能，五行運氣，以昇華人性之心靈，得以清淨，解脫也。夫治病之法甚多，如藥物、針灸、指壓、推拿、按摩等物理療法之外，以精神療法為屬第一。

功效：

玉宸齋淨香末是以遵古法以純中藥草精製而成，是靜坐、靈修、避邪、押煞、收驚、開智慧最佳聖品，可請降諸天神仙、聖佛、降真而達天人合一之境界！可使修禪習坐之人達到安魂、定魄及增加智慧而達到開悟之境界，並有避邪 去鬼、鎮定之效，凡是嬰兒驚嚇及夜間啼哭難入眠或大人因喪府沖煞或其它穢氣致使心神不定、難入眠者，使用本產品將可鎮定而好入眠是安腦清心之最佳聖品。

100、香枝

典故：

香之所以為香，乃因其淡淡雅雅、清清純純、悠悠遠遠，可舒身暢氣、安神定魄。故自千古以降，練功者用香、禪坐者用香、讀聖賢書者用香、敬天祭地者用香、皇帝臨朝問政用香、養身修息者用香、療病者用香、敬神禮佛祭拜祖先者用香、引魂超渡者用香、乩童巫師者用香、占卜問卦者皆必用香，是故香之用途甚廣難以枚舉。

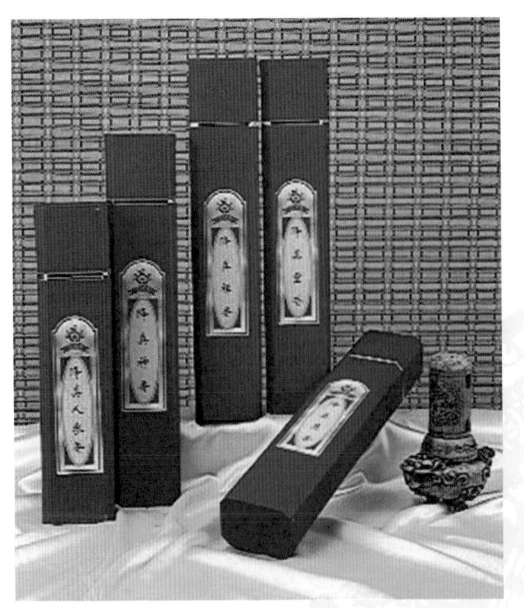

人與神是在不同的境界，因為人神相隔，所以只有通過祭祀、燒香，人才可與神相通，以表達人對神的虔誠與尊敬之心意，其實早在西漢文帝之時，漢文帝即主張：「每有祭祀，使有司敬而不祈，其見超然，是為聖德，若神明無知，則安能降福，如神明有知，則私己求媚之事，君子尚不悅乎！況乎神明。」

孝經緯援神契篇：「古者祀祭有燔燎。」周禮天官篇中甸師：「祭祀共蕭茅。」周祈名義考：「周人焫蕭，漢人始為博山爐，而所以焚惟蘭蕙。」漢劉向博山爐銘：「沖有蘭錡，朱火青煙。」由此可知，後世焚香以降神是為周人尚臭之遺意。

尚書曰：「至治馨香，感於神明。」焚香以降神佛，為中國人祭禮之重要儀式、祀典，或可無酒或可無肉，欲不可乏香，藉其嬝嬝薰香，明光火曲與撲鼻馨芳以通神，引神循香而至，使天地祈祥納福、人神交融為目的。

功效：

玉宸齋各類香品皆由純天然高貴中藥遵古法精製而成，不但無毒、無害、無污染，絕對環保更有療身養氣、驅邪避煞、提神去勞之作用，為了健康、為了保護環境、為了敬神虔誠，玉宸齋香品，絕對是香之上品，值得信賴。為了保家安宅、拜神祈福，請大家一起來用玉宸齋上乘之香品。

祭拜香枝的代表意義

一支清香：代表我的一片誠心可以通天達地，一心一意敬神，一也是萬物的開始。

三支清香：代表敬天、地、人三才，道生一，一生二，二生三，三生萬物，三支香也叫「大眾香」，求什麼都可以。

五支清香：代表五福臨門，也叫五路財神香，可以恭請五路財神爺、五方尊貴之神通通有請，求得全家平安發財。

七支清香：祈求北斗七星，一般使用在道家作法事或奇門遁甲上使用較多。陰曆七月七日七巧節祈求愛情，也叫姻緣香，也可祈求升官加爵叫升官香。

八支清香：恭請八卦神將，或祈求八方貴人財神之佑，必焚之。

九支清香：象徵九九九，代表長長久久，九五至尊，也叫皇帝香、至尊香，一般都是辦急事或是辦大事來用，但須點尺六之香枝，因為戊己為中央土，其數為五、六，故古代皆王侯貴族皆用尺六之香枝，平民用尺三之香枝，代表萬物之生，但現今則不分。

十二支清香：代表十二萬分圓滿，在一日有十二個時辰，一年有十二個月令以及十二地支的方位角上皆事事物物皆圓滿順利，通常用在法事上較多。

三十六支清香：恭請三十六天罡，地球圓周三六〇度，代表和諧圓滿，通常用在法事上較多，在祈福法事上亦有擺用天羅地網香以為祈福禳解。

114、盤香

典故：

宋朝謝維新撰：「秦漢以前，中土本無產香及漢武帝通交兩廣之地，和外國貢異香，始有檀香、沉香、麝香、龍涎……等逐漸傳入中國以至唐宋元明清匯集大成，然香有供焚香者，有可佩者又有入藥者，均藉其淨香而循氣之息，療人精神解人苦疾，以至龍涎、麝臍諸香百草矣。」

淨香、薰香之要，在於藉其因焚燒而產生氣化，藉以淨化空間以調節人體生命之基能，五行運氣，以昇華人性之心靈，得以清淨，解脫也。

治病之法甚多，如藥物、針灸、指壓、推拿、按摩等物理療法之外，以精神療法為屬第一。

功效：

為免破壞污染空間，傷害身體，用香者不可不慎，時下之香品多為化學原料雜製而成，其質量不純，非但不能療身靜氣、提神醒腦，反而有害身心，因此不管燒香拜神佛、修身練功宜選上乘之香品，增進健康，而使人神清氣爽，並以達人神皆大歡喜之無上境界。

人神相隔、人鬼異路，也就是說人與神仙聖佛是在不同的空間與境界，故凡事欲祈求神仙聖佛之保佑，必須經由祭祀燒香拜拜，才能使人神互通、互應，而有所感覺、感應也。百善孝為先，慎終追遠，為固有之美德，凡人應「吃水果，拜樹頭，飲水思源」，故宜祭祀祖先之靈，以盡孝恩之道，必皆焚燒好香，以慰祖先之靈。

玉宸齋不斷的以創新、藝術、美學、宗教、民俗、文化六合一的理念結合現代的科技，開拓出文創的新視野，是榮耀創作的問世，締造出瑰麗的珍品，讓這雋永的尊貴，留下永恆的珍藏。

玉宸齋琉璃美學是——

文化藝術創意的表徵，傳承品質信用的保證，俯視超越登峰的禮讚。

綻放神聖榮耀的臻品，獨享至尊傲世的尊貴，雋永高尚精品的典藏。

本公司所設計開發之產品以及開運吉祥鎮品，均已註冊著作權及擁有專利權，仿冒必究。

國家圖書館出版品預行編目資料

化煞—今天學化煞，明天就開運／張清淵著.
－－第一版－－臺北市：知青頻道出版；
紅螞蟻圖書發行，2014.1
面　公分－－(Easy Quick；134)
ISBN 978-986-6030-90-1（平裝）

1.相宅 2.改運法

294.1　　102025991

Easy Quick 134
化煞—今天學化煞，明天就開運
作　　者／張清淵
發 行 人／賴秀珍
總 編 輯／何南輝
執行編輯／張瑞蘭、張家瑜、郭德言
校　　對／楊安妮、周英嬌、張清淵
美術構成／Chris' office
出　　版／知青頻道出版有限公司
發　　行／紅螞蟻圖書有限公司
地　　址／台北市內湖區舊宗路二段121巷19號（紅螞蟻資訊大樓）
網　　站／www.e-redant.com
郵撥帳號／1604621-1　紅螞蟻圖書有限公司
電　　話／(02)2795-3656（代表號）
傳　　真／(02)2795-4100
登 記 證／局版北市業字第796號
法律顧問／許晏賓律師
印 刷 廠／卡樂彩色製版印刷有限公司
出版日期／2014年 1月　第一版第一刷
2017年 3月　　第二刷（500本）

定價 320 元　港幣 107 元

ISBN 978-986-6030-90-1　　Printed in Taiwan